1週間で仕上げる

マンション管理士 合格る チェックシート

出るとこ予想

TACマンション管理士講座 編

TAC出版
TAC PUBLISHING Group

はしがき

　マンション管理士本試験まで残りわずかとなってきました。本試験へ向けて**ラストスパート**をかける時期です。この直前期の学習で重要なことは、今年の本試験で出題が予想される論点をマスターしておくことです。そこで、その要望にお応えするため、本書を制作しました。

　マンション管理士試験は、合格率7～9％前後と非常に狭き門となっています。しかし、合格に必要な知識というのは、難問を解くためのものではなく、**基本的な問題**をしっかりと解くために養うものです。マンション管理士試験も毎年すべての問題がまったく目新しい問題というわけではありません。その大半が過去出題論点の繰り返しになっています。つまり、**過去出題論点をしっかりと押さえておけば、合格は十分**に可能なのです。

　本書は過去の出題論点や、ここ**数年の出題傾向、最新の法改正情報**を記載し、その中から特に出題可能性の高い論点を50のチェックシートに分類しました。この50の**チェックシートを1週間でマスター**できるように編集するとともに、受験生の方が陥りやすい間違いをイラストや図表にしたり、「 コメント **1** 」や「 **解ける覚え方** 」などのアイコンで解説をするなど、短期間で知識の復習ができるようにしました。また、この試験の特徴でもある、複数の法律にわたって出題される**複合問題対策**として、知識の横断整理ができるような構成としております。

　これから本試験までの短い期間をどれだけ有効に使えるかが、合否を左右するといっても過言ではありません。**合格に必要な知識をできるだけ多く、そして正確に覚える**ため本書を活用し、受験される皆様が合格を勝ち取れますよう、心よりお祈りしております。

令和6年7月
ＴＡＣマンション管理士講座

本書の特長と利用の仕方

直前フォーカス

各項目の簡単な内容や考え方、最後に覚えておくべきポイント、ヤマである根拠などを記載しています。**今年の本試験にポイントを絞った最終確認と記憶ができます。**

法改正

直近に法改正が行われ、その内容が今年の本試験から出題範囲となる箇所です。

今年のヤマ

今年の本試験で狙われそうな箇所を示しています。

2日目
合格るチェックシート7

民法・区分所有法その他
不動産登記法

直前フォーカス

　不動産登記法は、毎年１問出題されている科目である。特に区分建物（専有部分）に関する登記からの出題が多いことに注意しよう。また、相続登記が義務となった点にも注意しよう。

●相続登記の義務化　**法改正**

①相続による所有権移転登記の申請義務	所有権の登記名義人について相続の開始があったときは、当該相続により所有権を取得した者は、自己のために相続の開始があったことを知り、かつ、当該所有権を取得したことを知った日から３年以内に、所有権の移転の登記を申請しなければならない。
②遺産分割による所有権移転登記の申請義務	上記①の相続による所有権の移転の登記がされた後に遺産の分割があったときは、当該遺産の分割によって当該相続分を超えて所有権を取得した者は、当該遺産の分割の日から３年以内に、所有権の移転の登記を申請しなければならない。
③相続人である旨の申出	相続による所有権の移転の登記を申請する義務を負う者は、登記官に対し、所有権の登記名義人について相続が開始した旨および自らが当該所有権の登記名義人の相続人である旨を申し出ることができる。 ⇒自己のために相続の開始があったことを知り、かつ、当該所有権を取得したことを知った日から３年以内に申出をした者は、相続による所有権の移転の登記を申請する義務を履行したものとみなされる。

●共用部分である旨の登記

　共用部分である旨の登記は、不動産の表題登記の１つとして、表題部に記載された所有者又は所有権の登記名義人からの申請によりなされる。

> **解ける覚え方**　・共用部分の登記は、区分建物の表題部（専有部分の表題部）に記載される。
> ・共用部分である建物に所有権以外の権利（抵当権等）がある時は、当該権利の登記名義人の承諾を得なければならない。

●敷地権である旨の登記　**今年のヤマ**

　敷地権である旨の登記（❶）がなされた後は、区分建物（専有部分）と敷地権が、一体で処分されることとなる…この場合、区分建物になされた登記は、当然に敷地権に及ぶことになり、敷地権につい…

14

本文

今年の本試験に出題される可能性の高い事項を図表で整理しました。必要に応じて**具体的なケースを念頭に**置きながら、**ポイント**を押さえることができるように記載しています。ここに記載されている事柄は、最低限確認しておきましょう。本試験で、きっと役に立つはずです。またキーワードは**赤ゴシック表記**になっていますので、どんどん覚えていきましょう。

●転貸借・賃借権の無断譲渡

転貸借・賃借権の譲渡は、賃貸人の承諾がなければ行うことができない。無断で転貸借・賃借権の譲渡（**❷**）をし、第三者に賃借物の使用・収益をさせた場合、賃貸人は契約を解除することができる。**❸**

 ❷ 賃貸人が交代する際には、賃借人の承諾は不要である。

 ❸ 無断転貸・譲渡の場合であっても、その行為が賃貸人に対する背信的行為と認めるに足りない特段の事情がある時は解除することはできない。

●転貸借の終了 ⚡**今年のヤマ**

賃貸借の合意解除	賃貸人・賃借人間で賃貸借契約を合意解除しても、転借人に対抗できない。ただし、合意解除の時に、賃貸人が賃借人に対する債務不履行による契約解除が可能なときは、転借人に対抗できる。
債務不履行に基づく解除	賃借人の債務不履行で賃貸借契約が解除された場合、賃貸人が転借人に対して目的物の返還請求をしたときに、転貸借契約は履行不能により終了する。 **解ける覚え方** 転借人に賃借人に代わって賃料を払うよう催告する必要はない。

●借地・借家の対抗要件

借地権の対抗要件	借地権者が借地上に自己名義で登記された建物を所有すること
借家権の対抗要件	借家の引渡し

●敷金について

敷金とは、不動産（特に建物）の賃貸借に関し、賃借人の賃料その他の債務を担保する目的で賃借人から賃貸人に支払われる金銭のことで、①明渡し時又は②賃借人が適法に賃借権を譲渡した時に賃借人に返還される。

解ける覚え方 敷金の返還と建物の明渡しは同時履行とならない。
明渡しが先で、その後に敷金返還請求権が発生する。

 この過去問に注意

Aがその所有する甲マンションの101号室をBに賃貸した場合、Bが101号室を、Aの承諾を得てFに転貸したときでも、AとBが賃貸借契約を合意解除すれば、Aは合意解除をもってFに対抗することができる。 （H29年－13）

答 合意解除は、転借人に対抗することができない。 ✕

❽
借地

民法・区分所有

コメント

理由の説明や発展的な重要ポイント、解答のための着眼点などを記載しています。本文とともにしっかり読み進んでください。

解ける覚え方

解答に役立つ視点からの覚え方が記載されています。実践的に覚えることができます。

この過去問に注意

今年の本試験でそのまま出題されてもおかしくない過去の本試験の問題を掲載しています。各チェックシート学習の締めくくりとして解いてみましょう。

目 次

1週間で仕上げる

マンション管理士

合格る チェックシート

出るとこ予想

消滅時効

直前フォーカス

　消滅時効は時効の完成猶予と時効の更新のどちらになるかに注意をしよう。裁判上の請求が終了した事由が、確定判決等で権利が確定したか、訴えの取下げ等で権利が確定しなかったかで、どちらになるか変わる点に注意しよう。

●消滅時効

　消滅時効とは、以下の期間の経過により、権利が消滅することをいう。

> ①権利を行使することができることを知った時から5年
> ②権利を行使することができる時から10年 ｝どちらか早い方で消滅
> 　（人の生命または身体の侵害による損害賠償請求は権利を行使できる時から20年）

●時効の完成猶予　💡今年のヤマ

　時効の完成猶予とは、本来の時効期間が満了しても、ひとまず時効は完成しないことをいう。時効の完成猶予事由の主なものは以下の通り

完成猶予事由	完成猶予期間
裁判上の請求	左の事由の終了時（確定判決等により権利が確定することなく終了した場合（例：訴訟の取下げや却下）は終了後6ヵ月が経過した時）まで
支払督促	
訴訟上の和解・調停	
破産手続参加、再生手続参加又は更生手続参加 ❶	
催告	催告の時から6ヵ月を経過する時まで ❷

コメント ❶　破産手続が開始しただけでは時効の完成猶予は生じない（債権者が破産債権を届け出て破産手続に参加すれば完成猶予が生じる）。

コメント ❷　最初の6ヵ月の時効の完成猶予中に、再度の催告をしても、再度の催告による時効完成猶予はされない。

●確定判決等により権利が確定することなく終了した場合

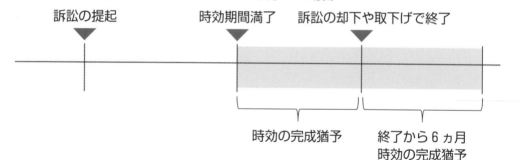

訴訟の提起　　　　　　時効期間満了　　訴訟の却下や取下げで終了

時効の完成猶予　　　　　　終了から6ヵ月
　　　　　　　　　　　　　時効の完成猶予

●時効の更新

　時効の更新とは、時効を新たに進行させることをいう。時効の更新がされると、時効のカウントがゼロに戻り、再び進行する。主な更新事由は以下のとおり

①裁判上の請求等により権利が確定した（例：勝訴判決が確定した）。
②強制執行手続等を実施し終了した。
③債務者が債務を承認した。

●確定判決等により権利が確定した場合

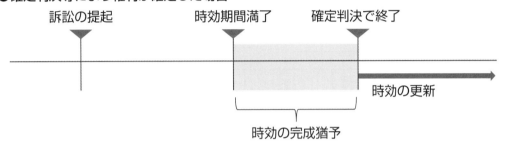

●時効の援用

時効の効果は、その利益を受けるものが援用をして初めて効果が発生する。これを時効の援用という。
時効の援用は債務者本人に限らず、時効の利益を直接に受けることができる者であれば行使可能
　［例］物上保証人、抵当不動産の第三取得者、連帯保証人、連帯債務者等

●時効利益の放棄

時効完成前にあらかじめ時効利益を放棄することはできない。
　［例］規約で滞納管理費が時効にかかっても援用しない旨を定めていたとしても、それは無効になる。
時効完成後に債務者が債権者に対して債務の承認をした場合は、時効完成の事実を知らなかったときでも、時効の援用をすることができない。

この
過去問に
注意

管理費を滞納している区分所有者Aが自ら破産手続開始の申立てをし、破産手続開始の決定がなされた場合、管理組合が滞納管理費債権について破産債権として届出をしただけでは、時効の更新の効力は生じない。　　　　　　（R3年－13）

答　　時効の更新は、権利が確定して手続が終了したときに生じる。　　○

共　有

直前フォーカス

　民法の「共有の規定」は、マンションの専有部分や敷地等を共有する場合に適用される。「共用部分の共有」の規定との違いについて、区分所有法の論点と複合問題で出題されているので、注意したい。

●共有者の持分に関する規定

	民法の共有	共用部分の共有(区分所有法)
共有持分の割合	共有者間で定めがない場合、各共有者の持分は相等しいと推定される。	各区分所有者の専有部分の床面積の割合
共有持分の譲渡等の処分	各共有者が単独で行うことができる。	区分所有法で定める場合を除いてすることができない。
共有者の1人が相続人がいないまま死亡したり、自己の持分を放棄した場合	その持分は他の共有者に帰属する。	専有部分の処分に従う。(国庫や特別縁故者等に帰属する)。
共有物の使用	共有者は持分に応じた使用ができる。	区分所有者は、その用方に従った使用ができる（持分に応じた使用ではない)。

解ける覚え方　協議に基づかずに共有物を占有している共有者に対しても、当然に明渡しを求められるわけではない。

●敷地・共用部分とされていない附属施設と共用部分の持分割合の違い

敷地の共有持分	・民法の規定による。
共用部分でない附属施設の共有持分	・当事者間で定めがなければ、相等しいものと推定。
共用部分の共有持分	専有部分の床面積の割合

解ける覚え方　敷地や、共用部分とされていない附属施設には、共用部分の持分割合の規定が準用されないため、区分所有法ではなく、民法の規定が適用される。

●特定承継人の責任

　共有者の１人が共有物について他の共有者に対して有する債権は、その特定承継人に対しても請求することができる。

●民法の共有物の保存行為・管理行為・変更行為　今年のヤマ

管理等の種類	要件	具体例
保存行為❶	各共有者が単独で可能	不法占有者への明渡請求
管理行為	共有持分の価格の過半数❷	共有物管理者の選任・解任 短期の賃貸借契約の締結❸
軽微変更行為		共有物の修繕等で形状・効用の著しい変更を伴わないもの
重大変更行為	共有者全員の同意❹	共有物の売却、共有物の増改築等で形状・効用の著しい変更を伴わないものを除いたもの

コメント❶　保存行為として、他の共有者の分も損害賠償請求することはできない。
　　　　　　不法占有者等への損害賠償請求は、各共有者が持分に応じて行う。

コメント❷　民法では、持分だけで共有者の頭数は要件となっていないが、区分所有法では、民法と違い、持分（議決権）だけでなく区分所有者数も要件とされている。

コメント❸　①樹木の植栽・伐採のための山林の賃借権等⇒10年以下
　　　　　　②上記①の賃借権等以外の土地の賃借権等　⇒５年以下
　　　　　　③建物の賃借権等⇒３年以下　　　　　　　} 共有持分の価格の過半数で締結可能

コメント❹　共用部分の重大変更については、「区分所有者及び議決権の各４分の３以上」で実行可能であり、全員の同意は不要である。

●共有物の分割

　共有物の分割とは、共有関係を解消するための制度をいう。

　ただし、５年を超えない期間内であれば、分割しない契約をすることができる。この期間は更新することができるが、その期間は５年を超えることができない。

....

この過去問に注意　民法では、５年を超えない期間内は、共有物の分割をしない旨の契約をすることを妨げられていないが、当該契約の更新は認められない。　　　　（Ｒ３年－２）

答　分割をしない旨の契約（特約）を更新することもできる。　　　　×

抵当権・先取特権

直前フォーカス

抵当権は、その性質と効力、目的物となるものを覚えよう。共用部分の共有持分や敷地の権利についても抵当権の効力が及ぶ点は要注意。

●抵当権

抵当権は、債務者又は第三者が担保に供した物を占有を移転しないで、債務が履行されなかった時に抵当権者がその物から他の債権者に優先して、自己の債権の弁済を優先的に受けることができる権利をいう。

●物上代位性

抵当権等の担保物権の目的物が売却、賃貸、滅失、破損によって、その物の所有者が金銭その他の物を受ける請求権（例：損害保険金・賃料・売買代金等）を取得した場合、その担保物権の効力が当該請求権にも及ぶ性質のこと

●物上代位

抵当権設定

A
債権者

1,000万円貸付け

B
債務者

担保物の滅失

保険金の支払

物上代位
差押えが必要

C
第三者

●抵当権の目的物

不動産（所有権）、地上権、永小作権	これらを目的として抵当権を設定できる。 **解ける覚え方** 賃借権は抵当権の目的とすることはできない。
付加一体物	抵当権の効力は、目的物に附属し、一体となったものに及ぶ。
従物	抵当権設定当時に存在した従物に限り抵当権の効力が及ぶ（判例）。
果実	被担保債権に債務不履行があった時は、果実に抵当権の効力を及ぼすことができる。
土地に関する権利	土地賃借権には、従たる権利として抵当権の効力が及ぶ。❶

 マンションの専有部分に抵当権が設定された場合、①共用部分の共有持分、②敷地利用権（所有権・賃借権・地上権）にも抵当権の効力が及ぶ。ただし、賃借権の取得については、賃貸人の承諾か裁判所の許可が必要

●抵当権設定後の賃貸借契約

抵当権設定登記後の賃貸借契約については、**賃貸借契約期間の長短にかかわらず**、原則として、抵当権者に賃借権を対抗することができない。❷

コメント **2** この場合、買受人の買受けの時から6ヵ月間は、明渡しが猶予される。

●先取特権

定義	法律の定める特殊の債権を有する者が債務者の財産から優先弁済を受けられる担保物権（法定担保物権） ※約定によって発生するものではない。
一般の先取特権	共益費用の先取特権 債　権⇒　債務者の財産を保存等するため支出した費用 目的物⇒　債務者の総財産 ※区分所有法の先取特権の順位・効力は、共益費用の先取特権とみなされる。 　ただし、目的物は区分所有権と備え付けた動産に限定

 Bの抵当権設定登記後に、206号室が全焼し、保険会社から所有者Aに火災保険金が支払われた。この場合には、抵当権者Bは、Aに支払われた火災保険金に対して、抵当権に基づく物上代位権を行使することができない。　（H29年－16）

答　物上代位は、支払われる前に差し押さえなければ行使できない。　○

債務不履行・契約不適合責任

直前フォーカス

　債務不履行は管理費の滞納等の事例で出題される。また、契約不適合責任は頻出論点である。宅建業法や品確法でも出題されるので、知識の横断整理にも注意しよう。

●債務不履行（履行遅滞）

損害賠償請求	債務の不履行が、災害による場合等契約その他の債務の発生原因及び取引上の社会通念に照らして債務者の責めに帰することができない事由の場合は、損害賠償請求できない。
契約の解除	・解除をするには、原則、相当の期間を定めて催告することが必要である。 ・債務者に帰責事由がなくても解除できる。 ・債務の不履行が取引上の社会通念等に照らして軽微であるときは解除できない。 ・債権者に帰責事由がある場合は、解除できない。
金銭債務の特則	・債務者が遅滞の責任を負った最初の時点における法定利率で損害賠償の額を決める。❶ ・債権者は、損害を立証することなく、損害賠償を請求することができる。 ・債務者は不可抗力によって履行を遅滞しても、賠償責任を免れることはできない。

 ❶　当事者でより高い約定利率を決めているときは、約定利率で損害賠償の額を決める。

●売買における売主の契約不適合責任　**今年のヤマ**

　売買契約の目的物の種類・品質・数量に関して、契約内容に適合しない（契約不適合）場合、売主は債務不履行責任の特則としての担保責任を負う。これを契約不適合責任という。

買主が請求できる権利	①追完請求（修補・代替物引渡し・不足分引渡しの請求） **解ける覚え方** 2020年の民法改正前は認められていなかった修補請求も認められるようになった。 ②代金減額請求 　※原則として、売主が追完請求に応じてくれなかった場合でないと代金減額請求はできない。 ③損害賠償請求 　※売主に帰責事由がない場合は損害賠償請求不可 ④契約の解除 **解ける覚え方** 損害賠償請求と解除は債務不履行の場合と同じである。
期間の制限	種類・品質に関して契約内容に適合しない場合、買主は、原則として、不適合を知った時から１年以内に売主に対し、不適合である旨を通知しなければ、上記の追完請求等の権利を行使できない。 **解ける覚え方** 種類と品質の不適合が対象であり、数量不足・移転した権利の契約不適合については期間の制限はない（消滅時効の規定に従う）。 　また、通知でよく１年以内に権利を行使する必要はない。 ただし、売主が引渡しの時にその不適合を知り、又は重大な過失によって知らなかった時は、買主は１年を経過した後であっても追完請求等をすることができる。
免責の特約	売主は、契約不適合責任を負わない旨の特約をすることができる。しかし、この特約をした時であっても、知りながら告げなかった事実及び自ら第三者のために設定し、又は第三者に譲り渡した権利については、その責任を免れることができない。

●注文者の供した材料の性質等による不適合（請負契約）

　注文者は、注文者の供した材料の性質又は注文者の与えた指図によって生じた不適合を理由として、履行の追完の請求、報酬の減額の請求、損害賠償の請求及び契約の解除をすることができない。❷

 請負人がその材料又は指図が不適当であることを知りながら告げなかったときは、この限りでない。

 分譲業者Ａが、Ｂに新築建物である甲マンションの101号室を売却し、ＡからＢに101号室が引き渡された１年後に、建物の浴槽に契約内容に適合しない欠陥が発見された場合、ＢがＡに対し損害賠償請求を行うには、当該欠陥の発見から１年以内に裁判上の権利行使をしなければならない。　　　　　（H27年－17改）

答 種類・品質による契約不適合責任により、損害賠償請求等を行使するためには、不適合を発見してから１年以内に「通知」をする必要があるが、裁判上の権利行使までする必要はない。　　　　　　　　　　×

相　続

直前フォーカス

相続の問題で問われるのは、滞納管理費の取扱いである。単純承認、限定承認、相続放棄の要件・効果と、滞納管理費を請求することができるか否か、できるなら、どれだけ請求できるかを答えられるようにしておこう。

●相続人

相続人	相続順位	法定相続分
配偶者	常に相続人となる	子と共同相続…1／2 直系尊属と共同相続…2／3 兄弟姉妹と共同相続…3／4
子	第一順位	配偶者と共同相続…1／2
直系尊属	第二順位	配偶者と共同相続…1／3
兄弟姉妹	第三順位	配偶者と共同相続…1／4

●代襲相続

　被相続人の子が①相続開始以前の死亡、②廃除、③相続欠格に該当した場合、その者の子（孫）が代襲して相続する。兄弟姉妹が相続人の場合は、おい、めいまで代襲相続する。

> **解ける覚え方**　相続放棄は代襲相続の原因ではない。

> **ゴロ合わせ**　【代襲相続の原因】
>
> | 賜 | 杯が | 欠けて | 醜態だ |
> |---|---|---|---|
> | 死亡 | 廃除 | 相続欠格事由に該当 | 代襲相続 |

●滞納管理費と相続　今年のヤマ

　遺産分割前の相続債務については、各共同相続人は**法定相続分の割合で分割された債務**を負担する。したがって、滞納管理費を相続した場合、相続人は、法定相続分に応じて支払義務を負う。

滞納管理費の支払義務については以下のようになる。

被相続人が滞納していた管理費	各共同相続人は法定相続分の割合で分割された債務を負担する。 **解ける覚え方** 相続人の１人に滞納管理費の全額を請求することはできない。
相続開始後、遺産分割までの滞納管理費（月々の管理費の支払義務）	各共同相続人は**不可分債務**として、滞納管理費の全額の支払義務を負う。

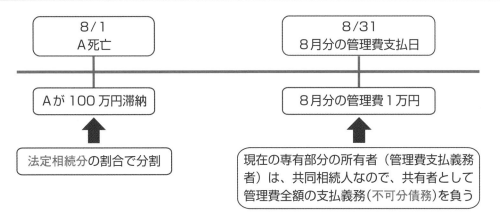

```
      8/1                      8/31
     A死亡                8月分の管理費支払日
─────────┬──────────────────────┬─────────

  Aが100万円滞納           8月分の管理費1万円
       ↑                         ↑
  法定相続分の割合で分割    現在の専有部分の所有者（管理費支払義務
                          者）は、共同相続人なので、共有者として
                          管理費全額の支払義務(不可分債務)を負う
```

●相続の承認・放棄

	単純承認	限定承認	相続放棄
定義	相続人が被相続人の有する権利義務のすべてを承継すること	相続財産の限度でのみ相続債務を弁済することを留保して相続を承認すること	相続財産を一切承継しない旨の意思表示
要件	・熟慮期間（自己のために相続の開始を知った時から３ヵ月以内）の経過 ・相続財産の全部又は一部の処分等	家庭裁判所への相続人全員での申述	家庭裁判所への相続人各人の申述

解ける覚え方 相続人は、相続の承認又は放棄をするまで、その固有財産におけるのと同一の注意をもって、相続財産を管理しなければならない。

この過去問に注意

甲マンションの201号室を所有するAが、管理費60万円を滞納したまま遺言をすることなく令和５年12月１日に死亡した場合、Aの死亡より前に配偶者が死亡し、Aに実子B及び養子Cがある場合、B及びCがいずれも単純承認したときは、滞納管理費については、B及びCが各30万円を承継する。

（H26年－16改）

答 被相続人の滞納管理費については、共同相続人は法定相続分で支払義務を負う。　　　　　　　　　　　　　　　　　　　　　　　　　　　○

不法行為

直前フォーカス

不法行為は、マンション内のトラブルの事例で出題されている。どのような行為が不法行為に該当するのかイメージできるようにし、その要件と効果を覚えよう。

●使用者責任の要件 💡 今年のヤマ

①ある事業のために他人を使用していること

②被用者がその事業の執行につき、行ったものであること

> 解ける覚え方 「事業の執行」かどうかは外形で判断する。
>
> ［例］社用車で事故を起こすと、私用であっても「事業の執行」と扱われる。

③被用者が一般の不法行為の要件を満たしていること

④使用者が被用者の選任および事業の監督に相当の注意をしたまたは、相当の注意を払っても損害発生を防止できないものでないこと

●共同不法行為

①定義

共同不法行為とは、数人が共同して不法行為をすること

②効果

連帯して責任を負う。被害者は、共同不法行為者の1人に対して、共同不法行為と相当因果関係にある全損害について損害賠償請求をすることができる。

> 解ける覚え方 共同不法行為者の1人が全部の賠償をした場合には、本来負担すべき責任の割合に応じて、他の共同不法行為者に求償できる。

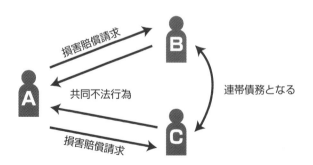

●土地工作物責任

①要件
　ア）土地の工作物の設置又は保存に瑕疵が存在し（〔例〕外壁タイルの落下）
　イ）他人に損害を与えた場合
②責任の主体
　1次的…占有者が責任を負う。
※損害の発生を防止するに必要な注意をしたときは免責される。
　2次的…占有者がいない場合、又は占有者が免責された場合は所有者が責任を負う。

> **解ける覚え方** 所有者の責任は、無過失責任である。つまり、他に手抜き工事を行った建設会社等が存在しても、所有者は責任を免れることができない。被害者に賠償した後、求償することはできる。

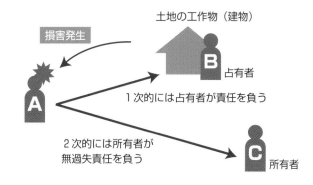

土地の工作物（建物）

損害発生

B 占有者

1次的には占有者が責任を負う

A

2次的には所有者が
無過失責任を負う

C 所有者

●注文者の責任

　請負人が仕事に関して第三者に損害を与えた場合（〔例〕請負人が工具を落下させた場合）

原則：請負人が責任を負い注文者は責任を負わない。
例外：損害の発生が注文者の指示に従った場合➡注文者も責任を負う。

●不法行為による損害賠償請求権の消滅時効

　不法行為による損害賠償請求権の消滅時効の期間は以下の①、②どちらか早い方になる。

①被害者またはその法定代理人が損害および加害者を知った時から3年間行使しない時
　※人の生命または身体を害する不法行為による損害賠償請求権の場合は5年間
②不法行為の時から20年間行使しない時

この過去問に注意

甲マンションの附属施設である立体駐車場において、A運転の自動車が、Aの運転操作ミスによって駐車場設備を破損した場合、事故時にAが勤務先であるE社所有の自動車を私用で運転していたときは、甲マンションの管理者Bは、Aに損害賠償請求をすることができるが、E社に損害賠償請求をすることはできない。

（H26年－14）

> **答** E社所有の自動車による事故なので事業の執行に該当し、E社に使用者責任が生じる。
>
> ×

2日目

合格る
チェック
シート 7

民法・区分所有法その他

不動産登記法

直前フォーカス

不動産登記法は、毎年1問出題されている科目である。特に区分建物（専有部分）に関する登記からの出題が多いことに注意しよう。また、相続登記が義務となった点にも注意しよう。

●相続登記の義務化 法改正

①相続による所有権移転登記の申請義務	所有権の登記名義人について相続の開始があったときは、当該相続により所有権を取得した者は、自己のために相続の開始があったことを知り、かつ、当該所有権を取得したことを知った日から3年以内に、所有権の移転の登記を申請しなければならない。
②遺産分割による所有権移転登記の申請義務	上記①の相続による所有権の移転の登記がされた後に遺産の分割があったときは、当該遺産の分割によって当該相続分を超えて所有権を取得した者は、当該遺産の分割の日から3年以内に、所有権の移転の登記を申請しなければならない。
③相続人である旨の申出	相続による所有権の移転の登記を申請する義務を負う者は、登記官に対し、所有権の登記名義人について相続が開始した旨および自らが当該所有権の登記名義人の相続人である旨を申し出ることができる。 ⇒自己のために相続の開始があったことを知り、かつ、当該所有権を取得したことを知った日から3年以内に申出をした者は、相続による所有権の移転の登記を申請する義務を履行したものとみなされる。

●共用部分である旨の登記

共用部分である旨の登記は、不動産の表題登記の1つとして、表題部に記載された所有者又は所有権の登記名義人からの申請によりなされる。

> **解ける覚え方**
> ・共用部分の登記は、区分建物の表題部（専有部分の表題部）に記載される。
> ・共用部分である建物に所有権以外の権利（抵当権等）がある時は、当該権利の登記名義人の承諾を得なければならない。

●敷地権である旨の登記 今年のヤマ

敷地権である旨の登記（❶）がなされた後は、区分建物（専有部分）と敷地権が、一体で処分されることとなる。この場合、区分建物になされた登記は、当然に敷地権に及ぶことになり、敷地権については登記（持分移転登記や抵当権の登記）はされない。❷

建物のみを目的とする質権や抵当権に係る権利に関する登記であって当該建物の敷地権が生ずる前にその登記原因が生じたものは、当該建物のみを目的として登記することができる。

コメント1 敷地権である旨の登記は登記官の職権でなされるので、所有者が申請をする必要はない。

コメント2 敷地権については、売買や相続を原因とする共有持分移転登記をする必要はない。

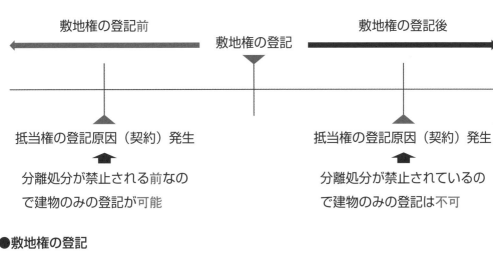

●敷地権の登記

```
┌─────────────────────────┐
│ 分譲業者などがマンションを新築 │
└─────────────────────────┘
             │ 1ヵ月以内に
             ▼
┌─────────────┐   …敷地権の表示
│ 区分建物の表題登記 │   ・1棟の建物の表題部に、敷地権の目的たる土地の表示の登
└─────────────┘     記がなされる。
             │        ・区分建物の表題部に、敷地権の表示の登記がなされる。
   登記官の職権で
             ▼
┌──────────────────────┐
│ 土地の登記記録に敷地権たる旨の登記 │  …土地の登記記録の相当区（甲区又は乙区）
└──────────────────────┘
```

 敷地権付き区分建物について、当該建物の敷地権が生ずる前に登記原因が生じた質権又は抵当権に係る権利に関する登記は、当該建物のみを目的としてすることができる。 　　　　　　　　　　　　　　　　　　　　　　　　　　　　（R元年−18）

　答　敷地権が生ずる前に登記原因が生じた質権又は抵当権については、建物のみを目的としてすることができる。　　　　　　　　　　　○

借地借家法・賃貸借

前フォーカス

　　賃貸借契約の問題では、専有部分の転貸や譲渡について出題される。民法と借地借家法の規定の違いについても問われる点に注意したい。

●賃貸人が負担する費用の種類

	必要費	有益費
内容	目的物の保存に必要な費用	目的物の価値を増加させる費用
返還時期	支出したらすぐ	契約終了時
返還額	全額	支出額又は現存増価額のいずれか賃貸人が選択した方

●賃借権の譲渡・転貸借

	賃借権の譲渡	転貸借
定義	賃借権を他人に譲渡し、旧賃借人は賃貸借契約関係から離脱すること	賃貸人から借りている賃貸借目的物を第三者に転貸すること
効果	・旧賃借人は契約関係から離脱 ・新賃借人と賃貸人との間で賃貸借契約成立	・賃貸人と転貸人との賃貸借契約は存続 ・転貸人と転借人との間で賃貸借契約成立 ・賃貸人保護のため、転借人に対して直接権利行使が認められる。❶

コメント❶ 　転貸借では、転借人は賃貸人に対して、賃料の支払義務等につき直接義務を負う。

●転貸借

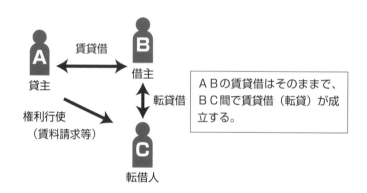

ＡＢの賃貸借はそのままで、ＢＣ間で賃貸借（転貸）が成立する。

●転貸借・賃借権の無断譲渡

転貸借・賃借権の譲渡は、賃貸人の承諾がなければ行うことができない。無断で転貸借・賃借権の譲渡（**❷**）をし、第三者に賃借物の使用・収益をさせた場合、賃貸人は契約を解除することができる。**❸**

 ❷ 賃貸人が交代する際には、賃借人の承諾は不要である。

コメント❸ 無断転貸・譲渡の場合であっても、その行為が賃貸人に対する背信的行為と認めるに足りない特段の事情がある時は解除することはできない。

●転貸借の終了 　💡今年のヤマ

賃貸借の合意解除	賃貸人・賃借人間で賃貸借契約を合意解除しても、転借人に対抗できない。ただし、合意解除の時に、賃貸人が賃借人に対する債務不履行による契約解除が可能なときは、転借人に対抗できる。
債務不履行に基づく解除	賃借人の債務不履行で賃貸借契約が解除された場合、賃貸人が転借人に対して目的物の返還請求をしたときに、転貸借契約は履行不能により終了する。 解ける覚え方 転借人に賃借人に代わって賃料を支払うよう催告する必要はない。

●借地・借家の対抗要件

借地権の対抗要件	借地権者が借地上に自己名義で登記された建物を所有すること
借家権の対抗要件	借家の引渡し

●敷金について

　敷金とは、不動産（特に建物）の賃貸借に関し、賃借人の賃料その他の債務を担保する目的で賃借人から賃貸人に支払われる金銭のことで、①明渡し時又は②賃借人が適法に賃借権を譲渡した時に賃借人に返還される。

解ける覚え方　敷金の返還と建物の明渡しは同時履行とならない。
明渡しが先で、その後に敷金返還請求権が発生する。

 この過去問に注意　Aがその所有する甲マンションの101号室をBに賃貸した場合、Bが101号室を、Aの承諾を得てFに転貸したときでも、AとBが賃貸借契約を合意解除すれば、Aは合意解除をもってFに対抗することができる。　（H29年－13）

答　合意解除は、転借人に対抗することができない。　×

合格る■チェックシート 9

専有部分・共用部分

直前フォーカス

専有部分・共用部分は頻出論点である。その要件と具体的な事例・判例を覚えておこう。

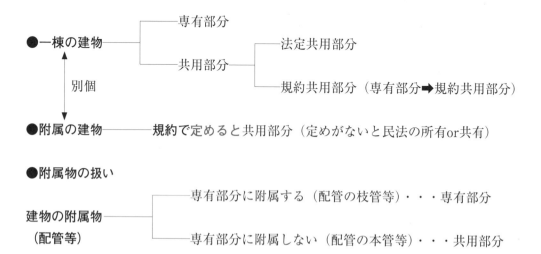

●一棟の建物 ┬ 専有部分
　　　　　　 └ 共用部分 ┬ 法定共用部分
　　　　　　　　　　　　 └ 規約共用部分（専有部分➡規約共用部分）

（別個）

●附属の建物 ── 規約で定めると共用部分（定めがないと民法の所有or共有）

●附属物の扱い

建物の附属物 ┬ 専有部分に附属する（配管の枝管等）・・・専有部分
（配管等）　 └ 専有部分に附属しない（配管の本管等）・・・共用部分

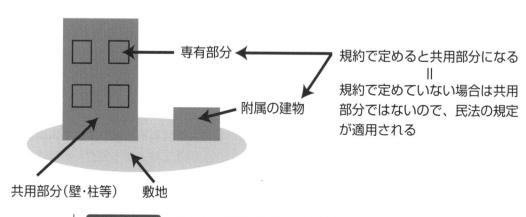

専有部分 ← 規約で定めると共用部分になる
　　　　　　＝
附属の建物 ← 規約で定めていない場合は共用部分ではないので、民法の規定が適用される

共用部分(壁・柱等)　敷地

解ける覚え方　独立した附属の建物が区分所有者の共有になっていても、それだけでは共用部分とはならない。

●持分の割合  今年のヤマ

共用部分の持分	敷地利用権の持分	専有部分が共有の場合
区分所有法	民法	
原則として専有部分の床面積の割合 規約で別段の定め可能	区分所有法上規定なし 分譲契約等で定めがなければ各共有者の持分は相等しいものと推定される。	共有者で定めがなければ各共有者の持分は相等しいものと推定される。

●共用部分の共有持分の処分

共用部分の持分	敷地利用権	民法の共有持分
共有者は、区分所有法に別段の定めがある場合を除いて、その有する専有部分と分離して持分を処分することができない。	敷地利用権が数人で有する所有権その他の権利である場合には、区分所有者は、その有する専有部分とその専有部分に係る敷地利用権とを分離して処分することができない。ただし、規約で別段の定めがある時は、分離処分が可能	各共有者が自由に自己の持分を処分することができる。 また、原則として共有物分割請求をすることもできる。

  専有部分に属しない建物の附属物は、「共用部分」である。 （R5年－1）

答　「共用部分」とは、専有部分以外の建物の部分、「専有部分に属しない建物の附属物」及び規約により共用部分とされた附属の建物をいう。　　　　　　　　　　　　　　　　　　　　　　　　　　○

共用部分の管理

直前フォーカス

共用部分の管理は、具体的な事例が出された時に、それが管理方法のうち、どれに該当するのかを判断できるようにすることが重要となる。特に軽微変更か重大変更かの判断ができるようにしよう。

●共用部分の管理

管理の方法		要件	特別の影響を受ける者の承諾	規約での別段の定めができるか
保存行為		区分所有者が単独でできる。	不要	できる。❶
管理行為		区分所有者及び議決権の各過半数	必要	できる。
変更行為❷	軽微変更			できる。
	重大変更	区分所有者及び議決権の各4分の3以上		区分所有者の定数は過半数まで減ずることができる。

 ❶ 区分所有者単独での保存行為を認めず、管理者を通じて行うとする旨の規約も有効

 ❷ 形状又は効用の著しい変更を伴わないものは軽微変更、それ以外は重大変更

●共用部分の重大変更と規約の変更

	共用部分の重大変更	規約の設定・変更・廃止
決議要件	区分所有者及び議決権の各4分の3以上	
規約による定め	区分所有者の定数は規約で過半数まで減じることが認められる。	不可
特別の影響を受ける者の承諾	専有部分の使用に特別な影響を及ぼす場合、承諾が必要	一部の区分所有者の権利に特別の影響を及ぼす場合、承諾が必要

●一部共用部分の管理

原則：一部共用部分の区分所有者で管理

例外：①区分所有者全員の利害に関するもの
　　　②区分所有者全員の規約に定めがある場合 ｝ 区分所有者全員で管理

　　　ただし、②は、一部区分所有者又はその議決権の4分の1を超える反対があった場合は不可

解ける覚え方 すべての一部共用部分について、管理をすべて区分所有者全員で行う場合、一部区分所有者の管理組合は成立しない。

●管理所有 今年のヤマ

　共用部分の管理のため、規約の定めにより、対外的な関係で共用部分を管理所有者の所有とすること

解ける覚え方 区分所有者から所有権を奪うものではない（持分は変動しない）。また、敷地は管理所有できない。

①管理所有者は、**管理者か区分所有者であること**が必要

解ける覚え方 管理者であれば区分所有者でなくてもよい。
区分所有者でも管理者でもない第三者は、管理所有者になれない。

②管理所有者は、相当の管理費用を区分所有者に対して請求できる。

③管理所有者は、以下の行為をすることが可能

ア）保存行為 イ）管理行為（ex.共用部分の損害保険契約） ウ）軽微変更行為 ③

コメント ③ 管理所有者は、重大変更をすることができない。

- -

この過去問に注意 一部共用部分に関する事項で区分所有者全員の利害に関係しないものについての区分所有者全員の規約の設定は、当該一部共用部分を共用すべき区分所有者の4分の1を超える者又はその議決権の4分の1を超える議決権を有する者が反対したときは、することができない。　　　　　　　　（R元年−5）

答 一部共用部分に関する事項で区分所有者全員の利害に関係しないものについて、区分所有者全員の規約の設定、変更又は廃止は、当該一部共用部分を共用すべき区分所有者の4分の1を超える者又はその議決権の4分の1を超える議決権を有する者が反対したときは、することができない。　　　　　○

民法・区分所有法その他

敷地・敷地利用権

直前フォーカス

敷地については、まず定義をしっかり覚えたい。また、敷地利用権の共有と共用部分の共有との違いも問われている。対応できるようにしよう。

●敷地の種類

①法定敷地	建物の底地のこと **解ける覚え方** 一筆の土地でなくてもかまわない。また複数の建物が存在してもかまわない。
②規約敷地	法定敷地以外で、建物及び法定敷地と使用・管理上一体的に扱う必要があり、規約で敷地とされたもの **解ける覚え方** 法定敷地と隣接していなくてもよい。
③みなし規約敷地	ア）建物が所在する土地が建物の一部滅失により法定敷地以外の土地となった場合 イ）建物が所在する土地の一部が分割により法定敷地以外の土地となった場合 その土地は規約敷地とみなされる。

●敷地利用権と敷地権

敷地利用権	専有部分を所有するため、敷地に対して有する権利 **解ける覚え方** 所有権・賃借権・地上権・使用借権等が該当する。
敷地権	分離処分が禁止されている敷地利用権であって、登記されているもの **❶**

●敷地利用権の共有持分割合

各区分所有者間	1人の区分所有者が複数の専有部分を所有する場合の各専有部分の敷地利用権
区分所有法上特に規定なし ➡通常は分譲契約で定める。 ➡特段の定めがなければ民法の規定による（相等しいものと推定）。	内法計算による専有部分の床面積の割合による。 規約で別段の定めも可能

コメント❶ 使用借権は登記できないので、敷地権にならない。

●**分離処分の禁止**　以下のケースが分離処分禁止の対象となる。

①区分所有者が複数で、敷地利用権が共有（準共有）の場合
②区分所有者が１人で、敷地利用権が単独で有する所有権その他の権利である場合（分譲会社がこれから分譲をするようなケース）

　専有部分と**敷地利用権**は分離処分が禁じられている。ただし規約で別段の定めが可能である。

> **解ける覚え方**　分離処分の禁止に抵触する行為には、専有部分又は敷地利用権のどちらか一方を売却・贈与することや抵当権の設定等が該当する。

> **解ける覚え方**　タウンハウス（長屋）等の場合で、土地を単独所有するとき（分有形式）は、分離処分禁止の対象とならない。

●**タウンハウスの場合**

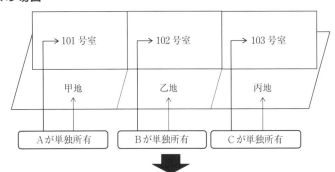

この場合、敷地が共有になっていないので、各専有部分と敷地利用権は分離処分禁止にならない（単独処分が可能）

●**分離処分無効の主張の制限**

	譲受人が善意の場合	譲受人が悪意の場合
敷地権の登記前	保護される（取引は有効）。	保護されない（取引は無効）。
敷地権の登記後	保護されない（取引は無効）。	保護されない（取引は無効）。

●**民法255条の適用除外**

　敷地利用権の持分は、次の場合、他の共有者に帰属しない。

①共有者の１人が持分を放棄した時	敷地利用権の持分は専有部分と共に
②相続人なく死亡した時	国庫や特別縁故者等に帰属する。

- -

この過去問に注意

Aの所有する101号室に係る敷地利用権と102号室に係る敷地利用権の割合は、その割合が規約に定められているときはその割合によるが、規約に定められていないときは等しい割合による。　　　　　　　　　　　　（H26年−7）

> **答**　区分所有者が複数の専有部分を有する場合、各専有部分の敷地利用権の割合は、専有部分の床面積割合となる。　　　　　　　　　×

区分所有者の権利義務

直前フォーカス

どのような行為が共同の利益に反する行為となり、それに対してどのような対応が可能かに気をつけよう。また、先取特権や特定承継人の責任は、管理費の滞納のケースで問われている。注意しよう。

●共同の利益に反する行為〈判例〉

・建物の外壁に孔を開けた区分所有者に管理組合からの復旧工事請求が認められる。
・住戸間の耐力壁である戸境壁を勝手に取り壊す行為
・廊下や階段室に私物を置いて倉庫代わりに使う行為
・勝手にベランダや屋上に看板を取り付ける行為
・管理費の著しい滞納
・組合員の理事に対する名誉毀損行為により、管理組合の運営を阻害する行為

解ける覚え方 直上・直下階の特定の区分所有者間の騒音問題は、個人間のものであり、"共同"の利益に反する行為とはいえない。

●義務違反者に対する措置 　今年のヤマ

義務違反者に対する措置	決議要件	訴訟の必要性	弁明の機会
行為の停止等の請求(訴訟外)	集会の決議は不要	不要	不要
行為の停止等の請求(訴訟上)	区分所有者及び議決権の過半数		
使用禁止請求	区分所有者及び議決権の各4分の3以上の多数を要する。	必要	必要
競売請求 ❶			
占有者に対する引渡請求 ❷			

コメント **1** 判決に基づく競売申立ては、判決確定日から6ヵ月以内に行わなければならない。

コメント **2** 占有者に対する引渡請求では、占有者に弁明の機会を与えれば、区分所有者に弁明の機会を与えなくてもよい。

なお、義務違反者に対する措置とは別に、被害を受けた区分所有者が自ら「個人の権利を侵害された」として、債務不履行や不法行為に基づく損害賠償請求等の権利を行使することも可能である。

●先取特権 ③

先取特権で担保される権利は、以下の３つである。

①区分所有者が、共用部分、建物の敷地もしくは共用部分以外の建物の附属施設につき他の区分所有者に対して有する債権
②規約又は集会の決議に基づき他の区分所有者に対して有する債権
③管理者・管理組合法人がその職務・業務を行うにつき区分所有者に対して有する債権

 先取特権は、債務者の区分所有権及び建物に備え付けた動産に対し行使することができる。

●特定承継人の責任

滞納管理費等については、債務者たる区分所有者の特定承継人に対しても請求可能

解ける覚え方 特定承継人は滞納管理費につき善意であっても滞納管理費の支払義務を負う。

●土地工作物責任

建物の設置又は保存に瑕疵があることにより他人に損害を生じたときは、その瑕疵は、共用部分の設置又は保存にあるものと推定する。④

 共用部分の瑕疵と推定されると、区分所有者は共用部分の共有者（所有者の１人）として、土地工作物責任を負う。

●費用の負担・利益の収取

各共有者は、規約に別段の定めがない限り（⑤）、その持分に応じて、共用部分の負担に任じ、共用部分から生ずる利益を収取する。

 規約で別段の定めをすることも可能である。例えば専有部分の用途が異なる場合、規約で相当な負担や利益の配分基準を定めることも必要となるからである。

この過去問に注意 規約により住居専用とされている専有部分を事務所として使用している賃借人に対して、集会の決議により、管理者が当該使用の停止の訴えを提起しようとする場合は、あらかじめ、当該占有者に弁明の機会を与えなければならない。
（H25年－３）

答 行為の停止請求においては、占有者（賃借人）に対する弁明の機会の付与は不要である。　　　　　　　　　　　　×

25

管理組合・管理者

前フォーカス

管理組合と管理組合法人、管理者と理事、これらの相違点はよく問われている
ので注意したい。

●管理組合

区分所有者は、全員で建物並びにその敷地及び附属施設の管理を行うための団体（管理
組合）を構成し、集会を開き、規約を定め、管理者を置くことができる。

また、一部の区分所有者のみの共用に供される共用部分（一部共用部分）は、当該一部
区分所有者の全員で管理組合（一部管理組合）を構成することになる。❶

コメント❶

全員の管理組合と一部の区分所有者の管理組合は、**原則として並存**する。
ただし、一部管理組合の管理をすべて全員の管理組合が行う場合、一部管理組合
は存在しない。

●管理者と理事の差異 💡今年のヤマ

	管理者	管理組合法人の理事
役割	区分所有者の代理人	管理組合法人の代表者
設置	任意。設置しなくてもよい。	設置義務あり
選任	集会の普通決議 規約で別段の定めをすることも可能	
解任	集会の普通決議 ただし、区分所有者の1人からでも裁判所に解任の請求をすることが可能	
任期	定めなし 規約で任期を定めることもできる。	原則として2年 規約で3年以内で別段の定め可能
資格	特に定めなし 法人でもなれる。 規約で資格を定めることもできる。	特に定めなし ただし、**監事との兼任は不可** また、法人はなれない。

●管理者の選任・解任

	具体例
区分所有者は、規約に別段の定めがない限り集会の決議によって、管理者を選任し、又は解任することができる。また、裁判所による管理者解任請求も認められる。	①管理者の選任を理事会で行うことができる。 ②マンションの管理を受託した管理会社と集会の決議によって選出された区分所有者の両者とすることができる。
管理者は法人でもよく、資格、任期に制限がない。	①株式会社を管理者に選任することができる。 ②同居する親族を管理者に選任することができる。 ③法人である区分所有者を管理者に選任することができる。 ④管理者の任期を2年とすることもできる。

●管理者の権限・義務

	内　容
管理者の代理権	管理者は、その職務に関し、区分所有者を代理する。 **解ける覚え方** 代理権に制限を加えることもできるが、善意の第三者には対抗することができない。
損害保険金等の請求・受領権	①損害保険金の請求受領権 ②共用部分等について生じた損害賠償金の請求受領権 }を有する。 ③不当利得による返還金の請求受領権
管理者の訴訟担当	集会又は規約の定めにより、管理者の訴訟における原告・被告への就任権が認められる。 **解ける覚え方** 規約の定めにより原告又は被告となった時は区分所有者にその旨を通知しなければならない。
規約等の保管・閲覧	管理者は規約・議事録・全員合意書面等の保管閲覧義務を負う。
集会の議長	集会においては、原則として管理者が議長となる。
事務報告	管理者は、集会において、毎年1回一定の時期に、その事務に関する報告をしなければならない。 **解ける覚え方** 書面の交付やメールの送信等で事務報告に代えることはできない。
集会の招集	管理者は、少なくとも毎年1回集会を招集しなければならない。

 管理者は、集会の決議により原告又は被告となったときは、遅滞なく、区分所有者にその旨を通知しなければならない。　　　　　　　　　　　（H30年－2）

答　管理者は、集会の決議により原告等になった場合は、通知の必要はない。通知の必要があるのは、規約により原告等になった場合である。

×

 前フォーカス

管理組合法人、理事、監事は頻出論点である。条文の内容がそのまま出題されるケースが多いので、得点源にしたい項目だ。

● 管理組合法人の権限

管理組合法人には、以下の権限が認められる。❶

①管理組合法人の区分所有者代理権
②損害保険契約に基づく保険金額並びに共用部分等について生じた損害賠償金及び不当利得による返還金の請求及び受領に関する代理権
③訴訟担当（区分所有者のために原告又は被告となること）

コメント 1

これら①〜③は、管理組合においては管理者の権限であったが、管理組合法人では管理組合法人の権限であり、理事の権限ではない。

● 管理組合法人化の要件

管理組合が法人化するために必要な要件は以下のとおりである。

①集会の特別決議で以下のア）〜ウ）の事項を決定
　ア）法人となること
　イ）名称
　ウ）事務所
②理事・監事を選任（普通決議でよい）
③主たる事務所の所在地の管轄登記所で設立登記を行うこと

● 法人設立前の集会決議等の効力

法人成立前の集会の決議・規約・管理者の職務の範囲内の行為は、法人について効力を生じる。

● 理事・監事の選任・解任等　今年のヤマ

	理事	監事
設置	必ず置かなければならない（員数に制限はない）。	
選任	規約で別段の定めがない限り、集会の普通決議で選任・解任可 ※　各区分所有者は、裁判所に解任請求することができる。	

資格	①規約で別段の定めがない限り、区分所有者以外の者を理事として選任できる。 ②法人はなれない（自然人のみ）。	①規約で別段の定めがない限り、区分所有者以外の者を監事として選任可 ②法人はなれない（自然人のみ）。 ③理事又は使用人と兼任できない。
任期	原則：２年 例外：規約で３年以内において別段の定めをすることができる。	
欠員	理事・監事が欠けた場合 ➡　任期満了・辞任で退任した理事・監事は、新たに理事・監事が就任するまで職務を行う（職務続行義務）。	

●理事の権限・代表理事

原則	各自が単独で管理組合法人を代表する。
規約又は集会決議	①理事長等の代表理事の定め ②２名以上の理事が共同してのみ代表権を持つこと（共同代表）の定め
規約の定め	理事の互選によって管理組合法人を代表すべき理事を定める。

●監事の代表権

　理事の行為が、管理組合法人と利益相反となる場合、監事が法人を代表する。

●管理組合法人の義務

①代表者の行為についての損害賠償責任	管理組合法人は、理事その他の代表者がその職務を行うについて第三者に加えた損害を賠償する責任を負う。
②財産目録	管理組合法人は、設立の時及び毎年１月から３月までの間に財産目録を作成し、常にこれをその主たる事務所に備え置かなければならない。ただし、特に事業年度を設けるものは、設立の時及び毎事業年度の終了の時に財産目録を作成しなければならない。
③区分所有者名簿	管理組合法人は、区分所有者名簿を備え置き、区分所有者の変更があるごとに必要な変更を加えなければならない。

●区分所有者の弁済責任

　管理組合法人の財産をもって債務を完済できないときは、区分所有者は、共用部分の共有持分と同一の割合でその債務を弁済する責任を負う。

　管理組合及び団地管理組合においては、その職務に関し、管理者が区分所有者を代理し、管理組合法人においては、その事務に関し、代表権のある理事が共同して区分所有者を代理する。　　　　　　　　　　　　　（R５年－２）

> 答　管理組合法人において区分所有者を代理するのは、管理組合法人自身であり、理事ではない。　　　　　　　　　　　　　　　　　　　×

3日目

合格る■
チェック
シート **15**

規　約

　規約については、判例等からも出題されている。どのような規約が有効又は無効となるのか、具体的な事例を覚えておく必要がある。

●規　約

規約の設定・変更・廃止	規約の設定・変更・廃止は、区分所有者及び議決権の各4分の3以上の多数による集会の決議による。
規約の効力	規約及び集会の決議は、区分所有者及びその特定承継人に対しても、その効力を生ずる。 ただし、占有者は、建物又はその敷地もしくは附属施設の使用方法につき、区分所有者が規約又は集会の決議に基づいて負う義務と同一の義務を負う。 **解ける覚え方** 賃貸人である区分所有者が管理費等を支払わない場合、賃借人が管理費の支払義務を負う旨の規約の定めをしても、賃借人には効力を有しない（使用方法についての事項ではないからである）。
特別の影響を及ぼす場合 ＜判例＞	規約の変更等は全員にその効力が及ぶため、規約の変更等が特定の区分所有者の権利義務に受忍限度を超えた特別の影響を及ぼすような時は、その者の承諾を得ないと、規約の変更等の効力を認めない。 ●ペット飼育禁止の規約の定めは従来よりペット飼育していた者に特別の影響がある場合にはあたらないとされた。 ●分譲時の売買契約により従来認められていた専用使用権を規約改正により消滅させることは特別の影響があるといえる。 ●駐車場使用料増額について、増額の必要性・合理性・増額された使用料が社会通念上相当であると認められる時は、使用料増額に関する規約の設定は特別の影響を及ぼすとはいえない。 ●複合用途型の区分所有建物において、規約の改正により専有部分の用途を居住目的以外は禁止することは、特別の影響があるといえる。 ●管理組合がマンションの不在組合員に対し住民活動協力金の支払義務を負わせる旨の規約変更をしたことは、不在組合員の権利に特別の影響を及ぼすものではない。

●公正証書規約

　規約事項の中には分譲開始前の段階で定めておくことが必要な事項もある。そこで、本来集会によって決議されるべき規約を、例外的に「最初」に専有部分の「全部」を所有している者が、以下の4つについて定められるとしている。

①規約共用部分の設定
②規約敷地の設定
③敷地利用権の分離処分の許容
④区分所有者が複数の専有部分を有する場合の各専有部分の敷地利用権の割合の特段の
　定め

●規約の保管・閲覧 今年のヤマ

　規約は、書面又は電磁的記録で作成しなければならない。また、必要に応じて閲覧できるように、保管・閲覧について定めている。❶

①保管者	管理者がいる場合	管理者 ❷
	管理者がいない場合	以下の者の中から規約又は集会決議で定める者 ア）建物を使用している区分所有者 イ）上記ア）の代理人
②閲覧の方法		規約を保管する者は、利害関係人の請求があったときは、正当な理由がある場合を除いて、規約の閲覧を拒んではならない。
③保管場所の掲示		規約の保管場所を建物内でかつ見やすい場所に掲示することが要求されている。

コメント❶　なお、規約の保管・閲覧の規定は、集会の議事録、書面又は電磁的記録による決議における書面又は電磁的方法にも準用されている。

コメント❷　管理者がいる場合、管理者以外の者を保管者とすることはできない。

この過去問に注意　管理組合Cが、規約を変更した上で駐車場使用料を増額したことは、一般的に専用使用権を有する一部の区分所有者Bらに不利益を及ぼすものであるから、Bらの承諾を得ない限り、許されない。　　　　　　　（H25年-6）

答　合理的な範囲内での駐車場使用料の増額は特別の影響にはあたらないので、区分所有者の承諾は不要である。　　　　　　　　　　×

集会の招集手続

直前フォーカス

集会の招集手続では、掲示による通知が間違えやすいので注意したい。まず、規約の定めが必要なこと、また建物外を通知の宛先とした区分所有者には、個別に通知をしなければならない点に注意しよう。

●通知の宛先

原則	集会の招集通知は、区分所有者が管理者に対して通知を受けるべき場所を通知した時はその場所に、これを通知しなかった時は区分所有者の所有する専有部分が所在する場所に宛ててすれば足りる。
掲示による通知	以下の者には、建物内の見やすい場所に掲示してすることができる。 ①建物内に住所を有する区分所有者 ②区分所有建物内に居住していないが、届出がないために専有部分宛に通知される区分所有者 **解ける覚え方** 建物外の場所を宛先として届出した区分所有者は、掲示板による招集は認められない。また、この方法を取るためには、その旨の規約の定めが必要である。
共有の場合	専有部分が共有の場合には、そのうちの**議決権行使者**がいればその者に、いなければ共有者の1人に通知を発すればよい。

占有者の取扱い **今年のヤマ**	区分所有者の承諾を得て専有部分を占有する者は、会議の目的たる事項につき利害関係を有する場合には、集会に出席して意見を述べることができる。 この場合、集会を招集する者は、集会招集通知を発した後遅滞なく、集会の日時、場所及び会議の目的たる事項を建物内の見やすい場所に掲示しなければならない。

解ける覚え方 管理費・修繕積立金等の値上げについて、占有者は利害関係を有しない。

●議案の要領の通知

以下の事項については、議案の要領も併せて通知する。

①共用部分の重大変更
②規約の設定・変更・廃止
③建物の大規模滅失からの復旧
④建物の建替え
⑤団地規約設定の特例
⑥団地内建物の一括建替え承認決議に付す旨

●少数区分所有者の集会招集権

以下の場合には、区分所有者の5分の1以上で議決権の5分の1以上を有するものは、集会の招集ができる。

①区分所有者の5分の1以上で議決権の5分の1以上を有する者による管理者に対する会議の目的（議題）を示した集会の招集請求
②上記①の請求により管理者が所定の期間内（2週間以内にその請求の日から4週間以内の日を会日とする集会の招集通知を発する）に招集しなかった場合

少数区分所有者の集会招集請求の定数は、規約でこの定数をさらに減じる（❶❷）ことができる。

 定数の減少が許されるのであり、増加することは許されない。

 定数の減少には、区分所有者数、議決権の双方が対象となる。したがって、区分所有者数、議決権の双方の要件を緩和することも、どちらか一方を緩和することも認められる。

●招集手続の省略

集会は区分所有者の全員の同意があれば、招集手続を経ないで開くことができる。

....

 区分所有者が法所定の手続きに従い管理者に対して集会の招集を請求したにもかかわらず、管理者が2週間経過しても集会の招集の通知を発しなかったため、その請求をした区分所有者が集会を招集した。 （R元年-6）

 答　区分所有者からの集会招集請求がされた場合において、管理者が2週間以内にその請求の日から4週間以内の日を会日とする集会の招集の通知を発しなかったときは、その請求をした区分所有者は、集会を招集することができる。　　　　　　　　　　　　　○

集会の決議

直前フォーカス

集会の決議事項は超重要論点である。その中でも書面又は電磁的方法による議決権の行使と書面又は電磁的方法による決議は混同しやすいので注意しよう。前者は、集会に出席できないので、書面や電磁的方法により議決権を行使する方法であるが、後者はそもそも集会が開催されず、書面や電磁的方法で決議を採ってしまうことを意味する。

●議決権　💡今年のヤマ

議決権の割合	議決権の割合は、共用部分の共有持分の割合（内法計算で算定される専有部分の面積の割合）である。議決権割合は規約での別段の定めは可
共有の場合	議決権行使者として定められた1人しか、議決権を行使できない。
代理人による議決権の行使	区分所有者は、代理人により議決権を行使することができる。
書面又は電磁的方法による議決権の行使	区分所有者は書面又は電磁的方法により議決権を行使することができる。
議決権行使の制限	集会においては、あらかじめ通知した事項についてのみ、決議をすることができる。 ただし、普通決議事項に関しては、規約で通知していない事項について決議する旨を定めることも可能

●書面・電磁的方法による決議

　区分所有法又は規約により集会において決議をすべき場合において、区分所有者全員の承諾がある時は、集会を開催せずに、書面又は電磁的方法による決議をすることができる。そして、この書面又は電磁的方法による決議は、集会と同一の効力を有する。

> **解ける覚え方**　・書面又は電磁的方法による「議決権行使」
> 　➡集会は開催されるが区分所有者が出席できない場合の規定
> 　・書面又は電磁的方法による「決議」
> 　➡集会は開催せずに、書面等で決議する場合の規定

●特別決議事項等

区分所有者及び議決権の各4分の3以上で決する。	共用部分の重大変更	区分所有者の定数は過半数まで減らせる。
	規約の設定・変更・廃止	
	管理組合の法人化	
	管理組合法人の解散	
	大規模滅失の場合の復旧	
	義務違反者に対する使用禁止・競売・引渡請求	
	団地内の区分所有建物について団地規約を設定する場合の各棟の承認	
区分所有者及び議決権の5分の4以上で決する。	建替え決議	規約で別段の定めはできない。
議決権（土地の持分割合）の4分の3以上で決する。	団地内建物の建替え承認決議	
団地内建物区分所有者及び議決権の5分の4以上で決する。 ＋ 各棟ごとにそれぞれの区分所有者及び議決権の3分の2以上の賛成が必要	団地内建物の一括建替え決議	

ゴロ合わせ　【4分の3以上の決議（特別決議）が必要なもの】

渋滞に	気分は	崩	壊	諸	経	費	で大福	三姉妹で食べる
重大変更	規約の設定等	法人化	解散（法人）	使用禁止	競売請求	引渡し請求	大規模滅失・復旧	3/4以上

この過去問に注意

区分所有法又は規約により集会において決議をすべき場合において、電磁的方法による決議をするためには、区分所有者の4分の3以上の承諾がなければならない。
(H30年－7)

答　区分所有法又は規約により集会において決議をすべき場合において、区分所有者「全員」の承諾があるときは、書面又は電磁的方法による決議をすることができる。4分の3以上の承諾ではない。　×

民法・区分所有法その他

復旧・建替え

直前フォーカス

復旧や建替え決議は、出題数は少ないが、H29・R元年・3年に出題と最近のトレンドである。また、建替え決議は、他の決議事項とは異なる点がたくさんある。当然、そういった論点が出題されやすいので、注意する必要がある。

●小規模滅失か大規模滅失か

	定義	効果	規約で別段の定め
小規模滅失	建物の価格の2分の1以下に相当する部分が滅失した時	区分所有者が**単独**で滅失した専有部分及び共用部分の復旧ができる。集会において復旧の決議をすると決定した場合、個人での復旧はできなくなる。建替え決議、一括建替え決議をした場合も同様	可能
大規模滅失	建物の価格の2分の1を超える部分に相当する部分が滅失した時	・集会の特別決議（区分所有者及び議決権の各4分の3以上）で復旧する。 ・専有部分は単独で復旧できる。 ・大規模滅失の場合も建替え決議可能	不可

●建替え決議の流れ

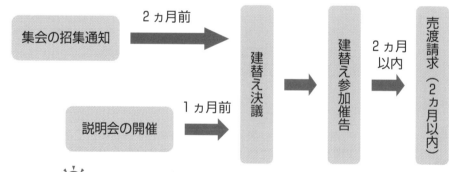

●建替え決議　今年のヤマ

招集手続	2ヵ月前までに通知をしなければならない。※規約でも短縮不可
説明会	1ヵ月前までに説明会を開催する。

招集通知へ の記載事項	招集通知には議案の要領のほか、以下の事項も記載する。 ①建替えを必要とする理由 ②建物の効用の維持・回復をするのに要する費用の額とその内訳 ③建物の修繕に関する計画が定められている時はその内容 ④建物につき修繕積立金として積み立てられている金額
建替え決議 事項	①新たに建築する建物（「再建建物」という）の設計の概要 ②建物の取壊し及び再建建物の建築に要する費用の概算額 ③上記費用の分担に関する事項 ④再建建物の区分所有権の帰属に関する事項
建替え参加 催告	建替え決議後、集会招集者は、建替え決議に賛成しない区分所有者に対して、決議内容により建替えに参加するか否かを回答するように書面又は電磁的方法で催告しなければならない。回答期間は催告を受けてから2ヵ月以内

●買取請求権と売渡請求権

	買取請求権	売渡請求権
適用場面	大規模滅失からの復旧決議	建替え決議
権利行使者	大規模滅失の復旧決議に賛成しなかった者（反対者・欠席者・棄権者等）	建替え参加者（賛成者、決議反対者や棄権者・欠席者だが参加する旨の回答をした者、買受指定者）
権利対象者	大規模滅失の復旧決議に賛成した者の一部又は全部（買取指定者がいる場合はその者のみ）	建替え不参加者
行使期間	催告期間（4ヵ月以上）経過まで	催告期間満了日から2ヵ月以内

解ける覚え方　売渡請求の対象は建替え不参加者であり、建替え参加者に対しては行使することができない。

ゴロ合わせ　【建替え決議事項】

災	害	被	害の	分担で	区役所に	帰る
再建建物の設計の	概要	費用の	概算額	費用の負担割合	区分所有権の	帰属

この過去問に注意　建替え決議をするときは、決議事項の一つとして、建物の取壊し及び再建建物の建築に要する費用の概算額を定めなければならないが、併せて、その費用の分担に関する事項についても定める必要がある。　　　　　　　　　（R元年-9）

答　建替え決議においては、「建物の取壊し及び再建建物の建築に要する費用の概算額」だけでなく、「その費用の分担に関する事項」を定めなければならない。　　　　　　　　　　　　　　　　　　　　　○

団　地

直前フォーカス

団地では、複数の団地管理組合が成立すること。そして、団地内の建物全部が必ずしも管理組合を構成するとは限らないことに注意しよう。共有する土地又は附属施設がないと、管理組合は成立しない。

●団地管理組合　 今年のヤマ

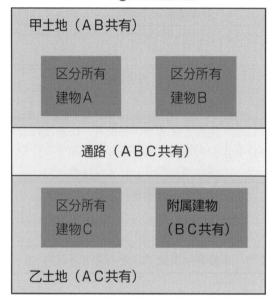

甲土地（AB共有）

区分所有 建物A　　区分所有 建物B

通路（ABC共有）

区分所有 建物C　　附属建物 （BC共有）

乙土地（AC共有）

　左の団地では、以下の4つの団地管理組合が成立することになる。
①甲土地の管理：ABの団地管理組合
②乙土地の管理：ACの団地管理組合
③附属建物の管理：BCの団地管理組合
④通路の管理：ABCの団地管理組合

　また、A、B、Cの各区分所有建物ごとの管理組合（各棟管理組合）も成立する。

●団地に準用されない規定

①敷地・敷地利用権
②建物の設置・保存の瑕疵の推定
③敷地利用権を有しない者への売渡請求
④管理所有
⑤共用部分の共有関係・持分割合・持分の処分
⑥義務違反者に対する措置
⑦復旧
⑧建替え

●団地共用部分

対象	一団地内の附属施設たる建物、団地内建物の専有部分 解ける覚え方 団地内の土地は団地共用部分とすることはできない。
持分の割合	団地共用部分は団地建物所有者全員の共有に属する。 持分は建物又は専有部分の床面積の割合による。
分離処分の禁止	団地共用部分の共有持分を建物又は専有部分と分離処分できない。
登記	団地共用部分を第三者に対抗するためには登記が必要
公正証書による設定	一団地内の数棟の建物全部を所有する者は、公正証書により、団地共用部分を定める団地規約の設定ができる。

●団地管理組合の規約設定の特例

団地内の一部の建物所有者の共有に属する団地内の土地又は附属施設	➡	当該土地の全部又は附属施設の全部につき共有者の4分の3以上で、かつその持分の4分の3以上を有する者の同意
団地内の区分所有建物	➡	区分所有者及び議決権の各4分の3以上の多数による集会の決議

⬇

団地管理組合の管理対象物とすることが可能

 戸建建物の所有者のみの共有に属する土地や附属施設は、管理対象物にできない。

 団地内の戸建建物は管理対象物にできない。

- -

 団地管理組合においてA棟及びB棟の管理又は使用について団地規約が定められている場合、A棟の建物の保存に有害な行為をしているA棟の区分所有者に対し、団地管理組合の集会で、区分所有法第57条の行為の停止を請求する訴訟を提起するための決議ができる。　　　　　　　　　　(H27年−11)

 団地管理組合の集会では、行為の停止を請求する訴訟を提起するための決議はできない。　　　　　　　　　　　　　　　　　　　　　　　　×

民法・区分所有法その他

団地内建物の建替え

前フォーカス

団地内建物の建替えには、建替え承認決議と一括建替え決議がある。それぞれの適用場面と要件を覚えよう。

●建替え承認決議

各建物

> 区分所有者及び議決権の5分の4以上による決議（建替え決議）
> 又は
> 建物所有者の合意

団地管理組合

> 団地管理組合における議決権の4分の3以上の決議（頭数要件はない）

↑

この決議が
「建替え承認決議」

●建替え承認決議の要件

①団地内の建物の所在する土地が団地建物所有者の共有に属すること
②団地内に数棟の建物が存在し、そのうちの少なくとも1棟は区分所有建物であること
③その団地管理組合又は団地管理組合法人の集会で議決権の4分の3以上の多数の決議を得ること **❶❷**
④特定建物について建替え決議又は所有者の建替えの同意があること　**❸**

コメント❶ この場合の議決権は管理組合の議決権一般とは異なり、その割合は建物共用部分の共有持分割合ではなく、土地の共有持分の割合による。

コメント❷ 団地建物所有者数（区分所有者数）という頭数要件は採用されていない。

コメント❸ 建替え承認決議は共有土地の変更に関する承諾であり、建物の建替え自体については、各建物ごとに行う。

●招集手続き

建替え承認会議を招集する場合は、次の特別な方法が規定されている。

①招集通知は会日より2ヵ月前までに発する。

②招集には議案の要領の他、再建建物の設計の概要・団地内における再建建物の位置を
　も通知する必要がある。

コメント **4** ┃ ①の「期間」は、規約で伸長は認められるが、短縮は認められない。

●一括建替え決議

すべて区分所有建物　＋　団地管理組合の規約で管理　　　　団地管理組合の集会

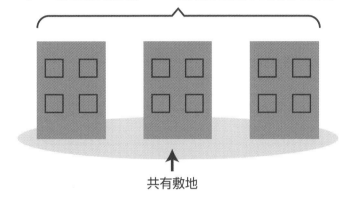

共有敷地

区分所有者及び議決権の
各5分の4以上の決議
＋
各棟の区分所有者及びそ
の議決権の3分の2以上
の賛成

●一括建替え決議の要件　今年のヤマ

①団地内建物のすべてが専有部分のある建物であること

②敷地（団地内建物が所在する土地及び規約により団地内建物の敷地とされた土地をい
　い、これに関する権利を含む）が当該団地内建物の区分所有者の共有に属すること

③団地管理組合規約により、団地内区分所有建物が団地管理組合の管理対象となってい
　ること

④団地管理組合又は団地管理組合法人の集会で全区分所有者及びその議決権の各5分の
　4以上の多数で一括建替え決議を行うこと

⑤一括建替え決議の団地管理組合の集会において、各棟の区分所有者及びその議決権の
　3分の2以上の賛成があること

この
過去問に
注意
　A棟、B棟（いずれも分譲マンションで区分所有建物）及びC棟（賃貸マンショ
ンで単独所有建物）の三棟が所在する土地がこれらの建物の所有者の共有に属
しており、その共有者全員で団地管理組合を構成している場合、団地管理組合
の集会において、A棟の建替え承認決議を得るためには、議決権の4分の3以
上の多数の賛成が必要であり、各団地建物所有者の議決権は、その有する建物
又は専有部分の床面積の割合による。　　　　　　　　　　　　（R元年−10）

答　　建替え承認決議における団地建物所有者の議決権は、「土地」の持分
　　　の割合によるものとされている。　　　　　　　　　　　　　　　×

被災区分所有法

直前フォーカス

被災区分所有法は、平成24年に改正が行われ、26年、29年、30年、R元〜3年に出題されている。ここ数年のトレンドなので、決議要件等に注意しよう。

●建物が全部滅失した場合

```
        敷地共有者等集会

● 再建決議   ┐
            ├→ 敷地共有者等の議決権の5分の4以上の多数で決議
● 敷地売却決議 ┘
```

敷地共有者等集会は、政令の施行の日から起算して3年が経過する日までの間まで、開催することができる。

解ける覚え方 管理者を設置することはできるが、規約の設定はできない。

●再建決議・敷地売却決議

再建決議	滅失した区分所有建物に係る建物の敷地もしくはその一部の土地又は当該建物の敷地の全部もしくは一部を含む土地に建物を建築する旨の決議
敷地売却決議	敷地共有持分等に係る土地（これに関する権利を含む）を売却する旨の決議

解ける覚え方 法改正以前は、敷地を売却する場合は民法の「処分行為」に該当したため、共有者全員の同意が必要であったが、これが緩和され、敷地共有者等の議決権の5分の4以上の多数とされた。

●分割請求の禁止

分割請求の禁止	政令で定める災害により全部が滅失した区分所有建物に係る敷地共有者等は、政令の施行の日から起算して1ヵ月を経過する日の翌日以後当該施行の日から起算して3年を経過する日までの間は、敷地共有持分等に係る土地又はこれに関する権利について、分割の請求をすることができない。
例外	5分の1を超える議決権を有する敷地共有者等が分割の請求をする場合その他再建決議、敷地売却決議又は団地内の建物が滅失した場合における一括建替え等決議をすることができないと認められる顕著な事由がある場合は、分割請求ができる。

●建物が一部滅失した場合

区分所有者集会

●建物敷地売却決議
●建物取壊し敷地売却決議 } 区分所有者、議決権及び敷地利用権の持分の価格の各5分の4以上の多数で決議

●取壊し決議 ➡ 区分所有者及び議決権の各5分の4以上の多数で決議

●区分所有者集会

区分所有者集会は、政令の施行の日から起算して1年が経過する日までの間で開催することができる。

●建物敷地売却決議・建物取壊し敷地売却決議・取壊し決議

建物敷地売却決議	区分所有建物及びその敷地（これに関する権利を含む）を売却する旨の決議
建物取壊し敷地売却決議	区分所有建物を取り壊し、かつ、これに係る建物の敷地（これに関する権利を含む）を売却する旨の決議
取壊し決議	区分所有建物を取り壊す旨の決議

区分所有建物に係る敷地利用権が数人で有する所有権その他の権利であるときは、区分所有者集会において、区分所有者、議決権及び当該敷地利用権の持分の価格の各4分の3以上の多数で、当該区分所有建物及びその敷地を売却する旨の決議をすることができる。　　　　　　　　　　（R元年−11）

答　区分所有者集会において、区分所有者、議決権及び当該敷地利用権の持分の価格の各「5分の4」以上の多数で、当該区分所有建物及びその敷地を売却する旨の決議をすることができる。　　　×

民法・区分所有法その他

建替え等円滑化法

直前フォーカス

　建替え等円滑化法は毎年１問出題されている。ここ数年、マンション敷地売却組合が頻出なので、重点的に学習しよう。

●建替え組合

設立要件	①建替え合意者が５人以上共同して、定款及び事業計画（建替え決議の内容に適合していることが必要）を作成 ②建替え合意者の3/4以上の同意により組合設立申請 ③都道府県知事等の認可により設立
権利変換計画の策定の要件	①特別の議決（議決権及び持分割合の各4/5以上）で行う。 ②審査委員の過半数の同意が必要 ③関係権利者の同意が必要

●要除却認定マンション・特別要除却認定マンション　💡今年のヤマ

定義	①下記の①〜⑤の事由に該当し、除却の必要性が認定されたマンションを要除却認定マンションという。 ②下記の①〜③の事由に該当し、除却の必要性が認定されたマンションを特定要除却認定マンションという。
対象	①マンションが地震に対する安全性に係る建築基準法等の基準に適合していないと認められるとき ②マンションが火災に対する安全性に係る建築基準法等の基準に適合していないと認められるとき ③マンションが外壁等が剥離し、落下することにより周辺に危害を生ずるおそれがあると認められるとき ④給水、排水その他の配管設備の損傷、腐食その他の劣化により著しく衛生上有害となるおそれがあるものと認められるとき ⑤マンションがバリアフリー法の建築物移動等円滑化基準に準ずる基準に適合していないと認められるとき
効果	①要除却認定マンションは容積率が緩和される。 ②特定要除却認定マンションは容積率緩和に加え、マンション敷地売却決議・敷地分割決議ができる。

●マンション敷地売却決議

定義	マンションとその敷地を一括して買受人に売却する制度
要件	①特定要除却認定を受けたマンションであること ②区分所有者、議決権及び敷地利用権の持分の価格の各4/5以上の多数の決議
マンション敷地売却組合	①マンション敷地売却合意者が、5人以上共同して、定款及び資金計画を定める。 ②マンション敷地売却合意者の3/4以上の同意により組合設立申請 ③都道府県知事等の認可で設立
分配金取得計画	①総会出席者の議決権の過半数の決議を経て都道府県知事の認可により分配金取得金額を定める。 ②マンション敷地売却組合は区分所有者に対し権利消滅期日までに分配金を支払う。

●敷地分割決議 今年のヤマ

定義	団地内の一部のマンションについて耐震性不足等により除却をする場合に、敷地が団地全体の共有のままだと当該一部のマンションだけのマンション敷地売却をすることができないので、敷地を分割できるようにする制度
要件	①特定要除却認定を受けたマンションであること ②特定団地建物所有者及び議決権の各4/5以上の多数の決議
敷地分割組合	①敷地分割合意者が、5人以上共同して、定款及び事業計画を定める。 ②敷地分割合意者の3/4以上の同意により組合設立申請 ③都道府県知事等の認可で設立

この過去問に注意　特定要除却認定を受けた場合においては、団地内建物を構成する特定要除却認定を受けたマンションの敷地（当該特定要除却認定マンションの敷地利用権が借地権であるときは、その借地権）の共有者である当該団地内建物の団地建物所有者（この問いにおいて「特定団地建物所有者」という。）及び議決権の各5分の4以上の多数で、敷地分割決議をすることができる。　　　（R4年−19）

答　特定要除却認定を受けた場合においては、団地建物所有者集会において、特定団地建物所有者及び議決権の各5分の4以上の多数で敷地分割決議をすることができる。　　　○

合格る■チェックシート**23** 標準管理規約（専有部分・共用部分）

直前フォーカス

標準管理規約では、区分所有法と異なる規定、区分所有法には存在しなかった規定に注意したい。

●専有部分の修繕

区分所有者は、その専有部分について、修繕、模様替え又は建物に定着する物件の取付けもしくは取替えで、共用部分や他の専有部分に影響を与えるおそれのあるものを行おうとする時は、あらかじめ、理事長にその旨を申請（設計図、仕様書及び工程表を添付）し、書面又は電磁的方法による承認を受けなければならない。

理事長は、承認又は不承認をする時は理事会の決議を経なければならない。

●バルコニー等の管理

バルコニー等の専用使用部分	区分所有者はバルコニー・玄関扉・窓枠・窓ガラス・1階に面する庭・屋上テラスについて専用使用権を有する。	通常使用に伴う保存行為 →専用使用権者がその責任と負担で行う。
		計画修繕工事・災害や犯罪を原因とする通常使用ではない保存行為 →管理組合がその責任と負担で行う。
駐車場の使用	特定区分所有者に関して駐車場使用契約を締結し、使用させる。	駐車場の管理は、管理組合がその責任と負担で行う。

●共用部分等の保存行為 今年のヤマ

区分所有者の保存行為	あらかじめ理事長に申請して書面又は電磁的方法による承認を受けた場合、敷地及び共用部分等の保存行為を行うことができる。
	専用使用部分の通常使用に伴う保存行為は、承認なしにすることができる。
	専有部分の使用に支障が生じている場合に、緊急を要するものである時は、区分所有者は承認なしに保存行為が可能
理事長の保存行為	災害等の緊急時においては、総会又は理事会の決議によらずに、敷地及び共用部分等の必要な保存行為を行うことができる。

●窓等の開口部の改良工事

改良工事	共用部分のうち各住戸に附属する窓枠等の開口部に係る改良工事で、防犯等の住宅の性能を向上させるものは、管理組合がその責任と負担において、計画修繕としてこれを実施する。
理事長の承認	区分所有者は、管理組合が上記の工事を速やかに実施できない場合には、あらかじめ理事長に申請して書面又は電磁的方法による承認を受けることにより、当該工事を当該区分所有者の責任と負担において実施することができる。 ※なお、理事長が承認又は不承認をするには理事会の決議が必要

●枝管の管理

専有部分の設備（配管・配線等）のうち、共用部分と構造上一体となった部分の管理を共用部分の管理と一体として行う必要がある時

配管の清掃等に要する費用	「共用設備の保持維持費」として管理費を充当することが可能
配管の取替え等に要する費用	各区分所有者が実費に応じて負担

●駐車場

①区分所有者がその所有する専有部分を、他の区分所有者又は第三者に譲渡又は貸与したときは、その区分所有者の駐車場使用契約は効力を失う。
→第三者に貸し出せるようにするためには、規約改正が必要となる。
②車両の保管責任については、管理組合が負わない旨を駐車場使用契約又は駐車場使用細則に規定することが望ましい。
③駐車場使用細則、駐車場使用契約等に、管理費、修繕積立金の滞納等の規約違反の場合は、契約を解除できるか又は次回の選定時の参加資格をはく奪することができる旨の規定を定めることもできる。
→既に駐車場使用契約を締結している区分所有者に対しては、後から管理費等の滞納の場合は、契約を解除できると定めても、その効力は及ばない。

この過去問に注意

甲マンションの302号室の区分所有者Aが、断熱性の向上のために窓ガラスの改良を行いたい旨の工事申請書を管理組合の理事長に提出したが、理事長は、2ヵ月後に管理組合で実施することが決定している計画修繕工事に申請内容の工事が含まれているので、申請を不承認とする旨を、理事会決議を経て、Aに回答したことは適切である。　　　　　　　　　　　　　　　　（H29年－25）

答　管理組合が、すみやかに（2ヵ月後）に実施可能なので、管理組合が計画修繕として実施し、区分所有者の改良工事は認めないことができる。　　　　　　　　　　　　　　　　　　　　　　　　　　　○

標準管理規約（長期修繕計画）

4日目

規約・会計

合格るチェックシート 24

直前フォーカス

　長期修繕計画は、近年の改正により新築マンションも既存マンションも計画期間が30年以上とされた。また、劣化診断の費用をどこから支出できるかに注意しよう。

● **長期修繕計画**　**今年のヤマ**

　長期修繕計画には、最低限、以下のものを定める。

①計画期間が30年**以上**で、**かつ大規模修繕工事が2回含まれる期間以上とすること**
②計画修繕の対象となる工事として外壁補修、屋上防水、給排水管取替え、窓及び玄関扉等の開口部の改良等が掲げられ、各部位ごとに修繕周期、工事金額等が定められているものであること
③全体の工事金額が定められたものであること

　また、長期修繕計画の内容については定期的な見直しをすることが必要である。

● **長期修繕計画の作成と費用**

　長期修繕計画の作成又は変更及び修繕工事の実施の前提として、劣化診断（建物診断）を管理組合として併せて行う必要がある。

劣化診断の種類	費用の充当
長期修繕計画の作成又は変更に要する経費及び長期修繕計画の作成等のための劣化診断（建物診断）に要する経費の充当	管理組合の財産状態等に応じて管理費又は修繕積立金のどちらからでもできる。
修繕工事の前提としての劣化診断（建物診断）に要する経費の充当	修繕工事の一環としての経費であることから、修繕積立金から取り崩す。

●大規模修繕工事の種類

	工事の内容	決議要件
バリアフリー化の工事	階段室部分を改造したり、建物の外壁に新たに外付けしたりして、エレベーターを新たに設置する工事	特別決議
	建物の基本的構造部分を取り壊す等の加工を伴わずに階段にスロープを併設し、手すりを追加する工事	普通決議
耐震改修工事	柱やはりに炭素繊維シートや鉄板を巻き付けて補修する工事や、構造躯体に壁や筋かいなどの耐震部材を設置する工事で基本的構造部分への加工が小さいもの	
防犯化工事	オートロック設備を設置する際、配線を、空き管路内に通したり、建物の外周に敷設したりするなど共用部分の加工の程度が小さい場合の工事や、防犯カメラ、防犯灯の設置工事	
IT化工事	光ファイバー・ケーブルの敷設工事を実施する場合、その工事が既存のパイプスペースを利用するなど共用部分の形状に変更を加えることなく実施できる場合や、新たに光ファイバー・ケーブルを通すために、外壁、耐力壁等に工事を加え、その形状を変更するような場合でも、建物の躯体部分に相当程度の加工を要するものではなく、外観を見苦しくない状態に復元するもの	
計画修繕工事	鉄部塗装工事、外壁補修工事、屋上等防水工事、給水管更生・更新工事、照明設備、共聴設備、消防用設備、エレベーター設備の更新工事	
その他	窓枠、窓ガラス、玄関扉等の一斉交換工事、既に不要となったダストボックスや高置水槽等の撤去工事	
	集会室、駐車場、駐輪場の増改築工事などで、大規模なものや著しい加工を伴うもの	特別決議

 コメント❶

なお、大規模修繕工事のように多額の費用を要する事項については、総組合員数及び議決権総数の過半数で、又は議決権総数の過半数で決する旨を規約に定めることもできる。

 この過去問に注意

長期修繕計画の見直しを行う前提として、管理組合として劣化診断（建物診断）を併せて行う必要がある。 （H23年-17）

答　長期修繕計画の作成又は変更及び修繕工事の実施の前提として、劣化診断（建物診断）を管理組合として併せて行う必要がある。　　○

標準管理規約（役員）

4日目
合格る■チェック■シート25

直前フォーカス

役員については、選任の方法と役員それぞれの職務について覚えよう。また、総会への報告なのか理事会への報告なのか等の違いに注意しよう。

●役員の選任

理事長等の選任	理事長、副理事長、会計担当理事は、理事会で選任又は解任する。
役員になる資格	理事及び監事はマンションの組合員の内から総会で選任又は解任する。 **解ける覚え方** 規約に定めることで外部専門家を役員に選任することも可能である。

また、任期の満了又は辞任によって退任する役員は、後任の役員が就任するまでの間、引き続きその職務を行う。

解ける覚え方 解任された役員は、職務を引き継がない。
専有部分を売却する等して組合員でなくなった場合、役員を当然に退任する。この場合も職務を引き継がない。

●役員の欠格事由

以下の者は、役員になることができない。

①精神の機能の障害により役員の職務を適正に執行するに当たって必要な認知、判断及び意思疎通を適切に行うことができない者又は破産者で復権を得ないもの
②禁錮以上の刑に処せられ、その執行を終わり、又はその執行を受けることがなくなった日から5年を経過しない者
③暴力団員等（暴力団員又は暴力団員でなくなった日から5年を経過しない者をいう）

●利益相反取引の制限　　今年のヤマ

役員は、次に掲げる場合には、理事会において、当該取引につき重要な事実を開示し、その承認を受けなければならない。

①役員が自己又は第三者のために管理組合と取引をしようとする時
②管理組合が役員以外の者との間において管理組合と当該役員との利益が相反する取引をしようとする時

●役員の種類 今年のヤマ

①理事長	ア）規約、使用細則又は、総会の決議もしくは、理事会の決議により、理事長の職務として定められた事項の遂行 イ）理事会の承認を得て、職員を採用し、又は解雇すること ウ）通常総会における、組合員に対する前会計年度における管理組合の業務の執行に関する報告 なお、理事長は理事会の承認を受けて、他の理事にその職務の一部を委任することができる。
②副理事長	理事長の補佐・職務の代理・代行を行う。
③理事	理事は、理事会を構成し、理事会の定めるところに従い、管理組合の業務を担当する。 理事は、管理組合に著しい損害を及ぼすおそれのある事実があることを発見した時は、直ちに、当該事実を監事に報告しなければならない。
④会計担当理事	管理費等の収納、保管、運用、支出等の会計業務を行う。
⑤監事	ア）管理組合の業務の執行及び財産の状況を監査し、その結果を総会に報告しなければならない。 イ）管理組合の業務の執行及び財産の状況について不正があると認められる時は、臨時総会を招集することができる。 ウ）監事は、理事会に出席し、必要があると認める時は、意見を述べなければならない。 解ける覚え方　理事会への出席は義務である。 エ）監事は、いつでも、理事及び職員に対して業務の報告を求め、又は業務及び財産の状況の調査をすることができる。 オ）監事は、理事に不正の行為等があると認める時、又は法令等に違反する事実等があると認める時は、遅滞なく、その旨を理事会に報告しなければならない。 カ）監事は、上記の場合、必要があると認める時は、理事長に対し、理事会の招集を請求することができる。 キ）上記カ）の請求があった日から5日以内に、その請求日から2週間以内の日を理事会の日とする理事会の招集の通知が発せられない場合は、請求をした監事は、理事会の招集ができる（任意）。

この過去問に注意

理事が不正の行為をしたと認める場合には、監事は、理事長に理事会の招集を請求することができるが、その請求から5日以内に、その請求があった日から2週間以内の日を理事会の日とする招集通知が発せられないときは、監事が理事長に代わり、理事会を招集しなければならない。　　　　　　　　　　（H28年－32）

答　この監事の理事会招集権は、任意であり、招集しなければならないという義務ではない。　　　　　　　　　　　　　　　　　　　　×

51

標準管理規約（総会）

合格る■チェック■シート26

直前フォーカス

　　総会と集会との違いを確認しよう。その中でも、特に代理人による議決権行使は注意したい。区分所有法と異なり、代理人の資格に制限があることに注意しよう。

●総　会　💡今年のヤマ

総会の種類	通常総会	年1回定例的に開催する総会（Web会議システムによる開催も可能）をいう。 理事長は、通常総会を、毎年1回新会計年度開始以後2ヵ月以内に招集しなければならない。 **解ける覚え方** 災害・感染症の拡大対応のため、やむを得ない場合は、災害・感染症が解消された後に遅滞なく総会を招集すれば足りる。
	臨時総会	必要に応じて開催される総会をいう。 理事長は、必要と認める場合には、理事会の決議を経て、いつでも臨時総会を招集することができる。
招集通知の発送期限		①総会を招集するには、少なくとも会議を開く日の2週間前までに、会議の日時、場所及び目的を示して、組合員に通知を発しなければならない。 ②緊急を要する場合には、理事長は、理事会の承認を得て、5日間を下回らない範囲において集会の招集期間を短縮することができる。

招集通知の宛先		
	①管理組合に対し組合員が届出をした場合	組合員が届け出た宛先に発する。
	②上記届出のない組合員	対象物件内の専有部分の所在地宛てに発する。
	③専有部分内に居住する組合員	

解ける覚え方 上記②③に対しては、掲示により通知することもできる。

解ける覚え方　【「2週間前」の具体例】
　　4月30日が総会開催日…招集通知を送った日と開催日との間に、中14日必要
　　　　➡4月15日に通知を送る必要がある。

●代理人等による議決権行使

組合員は、書面（**❶**）、電磁的方法又は代理人（**❷❸**）によって議決権を行使することができる。

代理人は、次の者でなければなることができない。

①その組合員の配偶者（婚姻の届出をしていないが事実上婚姻関係と同様の事情にある者を含む）又は**一親等の親族**（同居は不要）

②その組合員の住戸に同居する親族（親等は問わない）

③他の組合員（マンションに居住していなくてもよい）

コメント ❶
・賛否が記載されているが、実印が押されていない議決権行使書……有効
・賛否が記載されていない議決権行使書……………………………無効

コメント ❷
代理人の欠格事由として暴力団員等を規約に定めることもできる。

コメント ❸
組合員又は代理人は、代理権を証する書面（電磁的方法含む）を**理事長**に提出しなければならない。

●総会への出席

①組合員のほか、理事会が必要と認めた者は総会に出席することができる。

②区分所有者の承諾を得て専有部分を占有する者は、会議の目的につき利害関係を有する場合には、総会に出席して意見を述べることができる（議決権はなし）。

③上記②の場合において、総会に出席して意見を述べようとする者は、あらかじめ**理事長にその旨を通知**しなければならない。

④上記②の場合、総会の招集通知を発した後遅滞なく、その通知の内容を所定の掲示場所に掲示しなければならない。

解ける覚え方 総会に出席できる者は以下のようになる。
　①組合員
　②代理人
　③理事会が必要と認めた者
　④利害関係を有する占有者

組合員が代理人により議決権を行使しようとする場合に、その代理人の資格について制限を設けることは望ましくありません、とするマンション管理士の助言は適切である。　　　　　　　　　　　　　　　　　　　　　　　　（H28年−31）

答 標準管理規約では、代理人の資格について、①その組合員の配偶者又は一親等の親族、②その組合員の住戸に同居する親族、③他の組合員、のいずれかでなければならないと制限を設けている。　　　　　　　　　×

標準管理規約（決議事項）

直前フォーカス

普通決議の要件が標準管理規約では区分所有法よりも緩和されている点に注意しよう。また、議長を含む出席組合員の議決権の過半数で決議し、過半数の賛成を得られなかった議事は否決となることにも注意しておきたい。

●決議の要件 💡今年のヤマ

総会の開催要件	総会（Web会議含む）は議決権総数の半数以上を有する組合員が出席しなければ開くことができない。
普通決議の要件	総会の議事は、議長を含む出席組合員（書面、電磁的方法又は代理人によって議決権を行使する者を含む）の議決権の過半数で決議し、過半数の賛成を得られなかった議事は否決とする。
特別決議	特別決議は、組合員総数の4分の3以上及び議決権総数の4分の3以上で決する。
建替え決議	組合員総数の5分の4以上及び議決権総数の5分の4以上で決する。

●1人1議決権で区分所有者が50人の場合

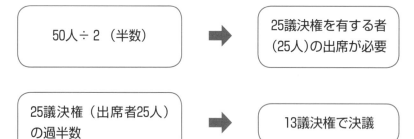

```
50人÷2（半数）  ➡  25議決権を有する者
                    （25人）の出席が必要

25議決権（出席者25人）➡  13議決権で決議
の過半数
```

●議事録の作成

議事録には、議長及び議長の指名する2名の総会に出席した組合員がこれに署名しなければならない（電磁的方法で作成した場合、電子署名等を行う）。

●議事録の保管

①理事長は、議事録を保管し、組合員又は利害関係人の書面（又は電磁的方法）による請求があった時は、これらを閲覧させなければならない。

②この場合、閲覧につき、相当の日時、場所等を指定することができる。

③理事長は、所定の掲示場所に、総会の議事録の保管場所を掲示しなければならない。

コメント **1** ｜ 区分所有法においては、正当な理由があった場合には、閲覧が拒否可能である。

●総会の決議事項

①規約及び使用細則等の制定、変更又は廃止
②役員の選任及び解任並びに役員活動費の額及び支払方法
③収支決算及び事業報告
④収支予算及び事業計画
⑤長期修繕計画の作成又は変更
⑥管理費等及び使用料の額並びに賦課徴収方法
⑦修繕積立金の保管及び運用方法
⑧管理計画の認定の申請、管理計画の認定の更新の申請、管理計画の変更の認定の申請
⑨共用部分と一体として管理すべき専有部分の管理の実施
⑩特別の管理の実施並びにそれに充てるための資金の借入れ及び修繕積立金の取崩し
⑪義務違反者に対する措置の訴えの提起並びにこれらの訴えを提起すべき者の選任
⑫建物の一部が滅失した場合の滅失した共用部分の復旧
⑬除却の必要性に係る認定の申請
⑭建替えおよびマンション敷地売却
⑮建替え等に係る計画又は設計等の経費のための修繕積立金の取崩し
⑯組合管理部分に関する管理委託契約の締結
⑰その他管理組合の業務に関する重要事項

 総会において、議長も決議に参加して議決権を行使し、その結果として可否同数の場合には、議長の決するところとするとしたことは、標準管理規約によれば適切である。 （H18年−29）

答 ｜ 議長を含む出席組合員（書面・電磁的方法又は代理人によって議決権を行使する者を含む）の議決権の過半数で決議し、過半数の賛成を得られなかった議事は否決とされる。 ×

標準管理規約（理事会）

直前フォーカス

理事会決議は、総会手続との違いに注意したい。特に理事会の決議事項に注意しよう。

●理事会の職務

理事会は、以下の職務を行う。

①規約もしくは使用細則等又は総会の決議により理事会の権限として定められた管理組合の業務執行の決定

②理事の職務の執行の**監督**

③理事長、副理事長及び会計担当理事の選任及び解任

●理事会の招集

原則	理事会（Web会議システムによる開催も可能）は、**理事長**が招集する。
理事からの招集	①理事が「○分の1」以上の理事の同意を得て理事会の招集を請求した場合には、理事長は速やかに理事会を招集しなければならない。 ②上記請求があった日から「○日以内」に、その請求があった日から「○日以内」の日を理事会の日とする理事会の招集の通知が発せられない場合には、その請求をした理事は、理事会を招集することができる。

解ける覚え方 理事会の招集手続については、理事会において別段の定めをすることができる。

●理事会の決議事項

①収支決算案、事業報告案、収支予算案及び事業計画案

②規約及び使用細則等の制定、変更又は廃止に関する案

③長期修繕計画の作成又は変更に関する案

④その他の総会提出議案

⑤専有部分の修繕、共用部分等の保存及び窓ガラス等の改良の承認又は不承認

⑥総会での承認前の費用の支出に対する承認又は不承認

⑦未納の管理費等及び使用料の請求に関する訴訟その他法的措置の追行

⑧理事の勧告又は指示等

⑨総会から付託された事項

⑩災害等により総会の開催が困難である場合における応急的な修繕工事の実施等

⑪理事長、副理事長及び会計担当理事の選任及び解任

●理事会の決議

①理事会の会議（Web会議含む）は、理事の半数以上が出席しなければ開くことができず、その議事は出席理事の過半数で決する。

②「専有部分の修繕」、「共用部分等の保存」及び「窓ガラス等の改良」の承認又は不承認については、理事の過半数の承諾がある時は、書面又は電磁的方法による決議によることができる。

> **解ける覚え方**　特別の利害関係を有する理事は、議決に加わることができない。

●理事会による修繕積立金の取崩し等

理事会は、「災害等により総会の開催が困難である場合における応急的な修繕工事の実施等」の決議をした場合においては、当該決議に係る応急的な修繕工事の実施に充てるための資金の借入れ及び修繕積立金の取崩しについて決議することができる。

●災害時の保存行為等の比較

	保存行為	応急的な修繕行為等
要件	理事長は、災害等の緊急時においては、**総会又は理事会の決議によらず**に、敷地及び共用部分等の必要な保存行為を行うことができる。	災害等により総会の開催が困難である場合における応急的な修繕工事の実施等は、理事会で決議することができる。
具体例	給水管・排水管の補修、共用部分等の被災箇所の点検、破損箇所の小修繕等	給水・排水、電気、ガス、通信といったライフライン等の応急的な更新等

●専門委員会

①理事会は、その責任と権限の範囲内において、**専門委員会**を設置し、特定の課題を調査又は検討させることができる。

②専門委員会は、調査又は検討した結果を理事会に具申する。

 専有部分の修繕工事の申請に対して、理事長が、理事会の決議に基づき承認又は不承認を決定する場合、理事の過半数の承諾があれば、書面又は電磁的方法により理事会の決議を行うことができる。　　　　　　　　　　（H28年-26）

> 答　専有部分の修繕等の申請については、理事会の決議により、その承認又は不承認を決定しなければならないが、この場合の理事会の会議は、理事の過半数の承諾があるときは、書面又は電磁的方法による決議によることができる。　　　　　　　　　　　　　　　　　　　　　○

標準管理規約（管理費・修繕積立金）

合格る■チェックシート29

直前フォーカス

平成28年の改正により管理費の充当先について、地域コミュニティにも配慮した居住者間のコミュニティ形成に要する費用が削除されたので、注意しよう。

●**管理費**

組合員は管理費の支払義務があり、管理費は以下の費用に充当される。

①管理員人件費
②公租公課
③共用設備の保守維持費及び運転費
④備品費、通信費その他の事務費
⑤共用部分等に係る火災保険料、地震保険料その他の損害保険料
⑥経常的な補修費
⑦清掃費、消毒費及びごみ処理費
⑧委託業務費
⑨専門的知識を有する者の活用に要する費用
⑩管理組合の運営に要する費用
⑪その他管理組合の業務に要する費用

マンションやその周辺における美化や清掃、景観形成、防災・防犯活動、生活ルールの調整等で、その経費に見合ったマンションの**資産価値の向上がもたらされる活動**	「建物並びにその敷地及び附属施設の管理」の範囲内で行われる限りにおいて、管理費から充当が可能
一部の者のみに対象が限定されるクラブやサークル活動経費、主として**親睦を目的とする飲食の経費**など	マンションの管理業務の範囲を超え、マンション全体の資産価値向上等に資するとも言い難いため、区分所有者全員から強制徴収する管理費をそれらの費用に充てることは適切ではなく、管理費とは別に、参加者からの直接の支払や積立て等によって費用を賄うべき

●修繕積立金の充当先

修繕積立金は、以下の特別の管理に要する経費に充当する場合に、取り崩すことができる。

①一定年数の経過ごとに計画的に行う修繕
②不測の事故その他特別の事由により必要となる修繕
③敷地及び共用部分等の変更
④建物の建替え・マンション敷地売却に係る合意形成に必要となる事項の調査
⑤その他敷地及び共用部分等の管理に関し、区分所有者全体の利益のために特別に必要となる管理

管理費と修繕積立金は、区分して経理しなければならない。

> コメント **1** ｜ 管理費に不足を生じても、修繕積立金を流用することはできない。

●使用料

駐車場使用料その他敷地及び共用部分等に係る使用料は、それら（駐車場等）の管理に要する費用に充当するほか、**修繕積立金として積み立てる**。

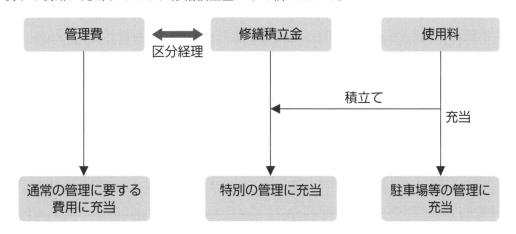

駐車場使用料その他の敷地及び共用部分等に係る使用料は、管理組合の通常の管理に要する費用に充てるほか、修繕積立金として積み立てる。（H30年－25）

> 答 ｜ 使用料は、通常の管理に要する費用ではなく、駐車場等の使用料の対象となっているものの管理の費用に充てる。 ×

 合格る■チェックシート30 # 標準管理規約（会計・雑則）

直前フォーカス

理事長の指示・勧告は義務違反者に対する措置と混同しがちであるが、別の規定である。指示・勧告は理事会の決議で実施可能な点に注意しよう。

●収支予算案・収支決算案  今年のヤマ

収支予算案	理事長は毎会計年度の収支予算案を通常総会に提出し、その承認を得なければならない。
収支予算を変更	理事長は収支予算を変更しようとする時は、その案を臨時総会に提出し、その承認を得なければならない。
収支決算案	理事長は、毎会計年度の収支決算案を監事の会計監査を経て、通常総会に報告し、その承認を得なければならない。

●総会承認前に支出する費用

理事長は、会計年度の開始後、通常総会における収支予算案の承認を得るまでの間に、以下に掲げる経費の支出が必要となった場合には、**理事会の承認**を得てその支出を行うことができる。

①通常の管理に要する経費のうち、**経常的**であり、かつ、通常総会における収支予算案の承認を得る前に支出することがやむを得ないと認められるもの

②総会の承認を得て実施している**長期の施工期間を要する工事に係る経費**であって、通常総会における収支予算案の承認を得る前に支出することがやむを得ないと認められるもの

なお、理事長は、上記支出を行ったときは、収支予算案の承認を得るために開催された通常総会において、その内容を報告しなければならない。この場合において、当該支出は、その他の収支予算とともに承認されたものとみなす。

●理事長が保管すべき書面等

①理事長は、会計帳簿、什器備品台帳、組合員名簿及びその他の帳票類を作成して保管し、組合員又は利害関係人の理由を付した書面又は電磁的方法による請求があった時は、これらを閲覧させなければならない。この場合において、閲覧につき、相当の日時、場所等を指定することができる。

②理事長は、長期修繕計画書、設計図書及び修繕等の履歴情報を保管し、組合員又は利害関係人の理由を付した書面又は電磁的方法による請求があった時は、これらを閲覧させなければならない。この場合において、閲覧につき、相当の日時、場所等を指定することができる。

③理事長は、管理組合の財務・管理に関する情報については、組合員又は利害関係人の理由を付した書面又は電磁的方法による請求に基づき、当該請求をした者が求める情報を記入した書面を交付（又は電磁的方法による提供）することができる。この場合において、理事長は、交付の相手方にその費用を負担させることができる。

●管理費の過不足

収支決算の結果、管理費に余剰を生じた場合	その余剰は翌年度における管理費に充当する。
管理費等に不足を生じた場合	管理組合は組合員に対してその負担割合により、その都度必要な金額の負担を求めることができる。

●理事長の勧告及び指示等

理事長の勧告・指示・警告	区分所有者・その同居人・専有部分の貸与を受けた者・その同居人（区分所有者等）が、法令、規約又は使用細則等に違反した時、又は対象物件内における共同生活の秩序を乱す行為を行った時は、理事長は、理事会の決議を経てその区分所有者等に対し、その是正等のため必要な勧告又は指示もしくは警告を行うことができる。
法的措置の実施	区分所有者等がこの規約もしくは使用細則等に違反した時、又は区分所有者等もしくは区分所有者等以外の第三者が敷地及び共用部分等において不法行為を行った時は、理事長は、理事会の決議を経て、次の措置を講ずることができる。 ①行為の差止め、排除又は原状回復のための必要な措置の請求に関し、管理組合を代表して、訴訟その他法的措置を追行すること ②敷地及び共用部分等について生じた損害賠償金又は不当利得による返還金の請求又は受領に関し、区分所有者のために、訴訟において原告又は被告となること、その他法的措置をとること

この過去問に注意

理事長が理事会の決議に基づいて、敷地内にごみを不法投棄する近隣の住民に対し、ごみの撤去費用に係る損害賠償金の請求に関して区分所有者のために訴訟で原告となることができる。　　　　　　　　　　　　（H17年－32）

答　区分所有者等以外の第三者が敷地及び共用部分等において不法行為を行ったときは、理事長は、理事会の決議を経て、損害賠償金の請求に関して区分所有者のために訴訟で原告となることができる。　　○

直前フォーカス
　団地型・複合用途型の標準管理規約からは1～2問出題されている。単棟型とはどういうところが異なるのかに注意しよう。

●団地型・標準管理規約の費用負担

管理費等についての費用負担は、団地型・標準管理規約では以下のようになる。❶

	管理費	団地修繕積立金	各棟修繕積立金
費用の負担	①棟の管理費用 　各棟の区分所有者の共用部分の共有持分で算出 ②それ以外の管理費用 　団地建物所有者の土地の共有持分で算出	団地建物所有者の土地の共有持分で算出	各棟区分所有者の棟の共用部分の共有持分で算出
使途	通常の管理に要する費用	土地・附属施設及び団地共用部分の特別の管理に要する費用	各棟共用部分の特別の管理に要する費用

管理費・団地修繕積立金・各棟修繕積立金はそれぞれ区分して経理しなければならず、また、各棟修繕積立金は、棟ごとにそれぞれ区分して経理しなければならない。

●団地総会における議決権の割合

　団地総会は、団地の総組合員で組織される。各組合員の議決権については、「土地の共有持分の割合、あるいはそれを基礎としつつ、賛否を算定しやすい数字に直した割合によるのが適当」とされている。

●棟総会

　棟総会は、各棟の区分所有者全員で組織され、その棟の区分所有者が、当該棟の区分所有者総数の5分の1以上及び議決権総数の5分の1以上に当たる区分所有者の同意を得て招集する。また、棟総会は、棟ごとに決議をする必要がある時（建替えや復旧等）に、その都度招集されるため、年1回招集するとはされていない。

●団地総会の決議事項と棟総会の決議事項

【団地総会の決議事項】

| ①規約（団地関係に準用されていない規定を除く）及び使用細則等の制定、変更又は廃止 |
| ②役員の選任及び解任並びに役員活動費の額及び支払方法 |
| ③収支決算及び事業報告 |
| ④収支予算及び事業計画 |
| ⑤長期修繕計画の作成又は変更 |
| ⑥管理費等及び使用料の額並びに賦課徴収方法 |
| ⑦団地修繕積立金及び各棟修繕積立金の保管及び運用方法 |
| ⑧管理計画の認定の申請、管理計画の認定の更新の申請、管理計画の変更の認定の申請 |
| ⑨共用部分と一体として管理すべき専有部分の管理の実施 |
| ⑩特別の管理の実施（復旧・建替え・マンション敷地売却を除く）並びにそれに充てるための資金の借入れ及び団地修繕積立金又は各棟修繕積立金の取崩し |
| ⑪建替え等及び敷地分割に係る計画又は設計等の経費のための団地修繕積立金又は各棟修繕積立金の取崩し |
| ⑫建替えの承認 |
| ⑬一括建替え |
| ⑭除却の必要性に係る認定の申請 |
| ⑮敷地分割 |
| ⑯組合管理部分に関する管理委託契約の締結 |
| ⑰その他管理組合の業務に関する重要事項 |

【棟総会の決議事項】

| ①区分所有法で団地関係に準用されていない規定に定める事項に係る規約の制定、変更又は廃止 |
| ②義務違反者に対する措置の訴えの提起及びこれらの訴えを提起すべき者の選任 |
| ③建物の一部が滅失した場合の滅失した棟の共用部分の復旧 |
| ④建替え・マンション敷地売却（建替え等） |
| ⑤一括建替え承認決議に付すこと |
| ⑥建替え等に係る合意形成に必要となる事項の調査の実施及びその経費に充当する場合の各棟修繕積立金の取崩し |

......

棟総会は、その棟の区分所有者が当該棟の区分所有者総数の５分の１以上及び議決権総数の５分の１以上に当たる区分所有者の同意を得て、毎年１回招集しなければならない。 （H25年-28）

| 答 | 棟総会は、毎年１回招集するとはされていない。 | × |

合格る チェック シート **32**

会計 (収支報告書と貸借対照表)

直前フォーカス

「仕訳」と「比較貸借対照表」からよく出題されている。仕組みを覚えれば得点源にできる分野である。

●収支報告書

項目	R 4 年度	R 5 年度
収入の部計	100万円	100万円
支出の部計	80万円	70万円
当期収支差額	20万円	30万円
前期繰越収支差額	30万円	50万円
次期繰越収支差額	50万円	繰越 80万円

収入と支出の差が
当期収支差額

前年度からの繰り越し ⟶

次年度へ繰り越す額：当期収支差額＋前期繰越収支差額＝次期繰越収支差額

●貸借対照表

貸借対照表上の「資産」から「負債」をマイナスした額が「次期繰越収支差額」となる。つまり、原則として正味財産＝次期繰越収支差額となる。

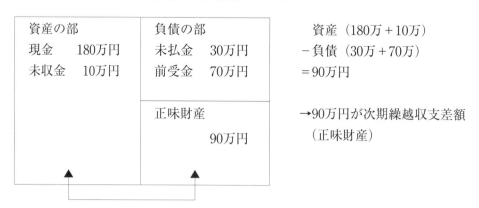

資産の部	負債の部
現金　　180万円	未払金　　30万円
未収金　　10万円	前受金　　70万円
	正味財産 　　　　90万円

資産（180万＋10万）
－負債（30万＋70万）
＝90万円

→90万円が次期繰越収支差額
　（正味財産）

資産の部の合計と負債の部＋正味財産の合計は一致する。

●仕訳の例　令和5年度（令和5年4月1日〜令和6年3月31日）の仕訳とする

令和6年3月に、令和6年3月分、4月分及び5月分の管理費（1ヵ月分は3万円）の合計9万円が入金された。

（借　方）		（貸　方）	
現金預金	90,000	前受金	60,000
		管理費収入	30,000

令和6年8月に完了予定の修繕工事の工事費80万円のうち、着手金として令和6年3月に30万円を支払った。工事完了時には、残金50万円を支払う予定である。

（借　方）		（貸　方）	
前払金	300,000	現金預金	300,000

●仕訳の例　令和5年度（令和5年4月1日〜令和6年3月31日）の仕訳とする

令和5年4月に、建物の事故等に備え、保険期間3年の積立型マンション保険に加入し、3年分の保険料総額30万円を支払った。なお、1年間の掛捨保険料は8万円、3年後の満期返戻金は6万円である。

（借　方）		（貸　方）	
支払保険料	80,000	現金預金	300,000
前払保険料	160,000		
積立保険料	60,000		

令和5年度決算（令和5年4月1日〜令和6年3月31日）に関し、令和5年3月に行ったエレベーター点検に係る費用8万円については、4月に支払ったため、収支報告書の支出の部には計上されておりません、とする説明は適切である。　　　　　　　　　　　　　　　　　　　　　　　　　　　　（H27年−34改）

　3月に行われている以上、3月時点で費用は発生しているから、収支報告書の支出の部に計上する必要がある。　　　　　　　　　　×

建築基準法・居室に関する規定

直前フォーカス

　共同住宅の居室に係る建築基準法の規制について重要なものを覚えておこう。特に数字をしっかりと覚えて間違えないようにしよう。

●居室等に関する規定　今年のヤマ

居室の採光	住宅の居室には、採光に有効な開口部を設けなければならない。この開口部に必要な面積は、各室の床面積との割合で決まるが、住宅の居室では、7分の1以上必要となる。 一定の要件を満たす照明設備の設置等、一定の措置が講じられているものは、7分の1〜10分の1以上必要となる。
居室の換気	居室の換気には、換気に有効な開口部を設け、その開口部の面積は、各室の床面積の20分の1以上が必要となる。換気に有効な部分の面積が20分の1未満の居室や火を使用する室では換気設備を設けなければならない。
居室の天井の高さ	居室の天井の高さは2.1m以上でなければならない。1つの部屋で天井の高さの異なる部分がある場合は、その平均の高さとなる。
シックハウス対策	①建築材料にクロルピリホスを添加してはならず、クロルピリホスをあらかじめ添加した建築材料を用いないこととされる。 ②ホルムアルデヒドについては、建築材料の区分によって、使用面積制限がなされる。 ③居室を有する建築物は、その居室内において政令で定める化学物質の発散による衛生上の支障がないよう、建築材料及び換気設備について政令で定める技術的基準に適合するものとしなければならない。 ※住居の居室におけるシックハウス対策用として設けられる機械換気設備は原則として0.5回/h
地階における防湿の措置	住宅の居室、学校の教室、病院の病室又は寄宿舎の寝室で地階に設けるものは、壁及び床の防湿の措置その他の事項について衛生上必要な政令で定める技術的基準に適合するものとしなければならない。
共同住宅の界壁	長屋又は共同住宅の各戸の界壁は、準耐火構造とし小屋裏又は天井裏に達するものとするほか、その構造を遮音性能（隣接する住戸からの日常生活に伴い生ずる音を衛生上支障がないように低減するために界壁に必要とされる性能をいう）に関して一定の政令で定める技術的基準に適合するもので、国土交通大臣が定めた構造方法を用いるもの又は国土交通大臣の認定を受けたものとしなければならない。❶

1 「天井」の構造が防火・遮音性能に関して一定の要件を満たす場合は、小屋裏又は天井裏に達する必要はない。

石綿に関する規制	①建築材料への石綿等の添加及び石綿等をあらかじめ添加した建築材料の使用禁止 　　吹付け石綿及び吹付けロックウールでその含有する石綿の重量が当該建築材料の重量の0.1%を超えるもの（以下「石綿等規制材料」という）が使用禁止とされる。 ②増改築時における除去等の義務付け 　　増改築時には、原則として既存部分の石綿等規制材料の除去が義務付けとなる。ただし、増改築部分の床面積が増改築前の床面積の2分の1を超えない増改築時には、増改築部分以外の部分について、封じ込めや囲い込みの措置が許される。 　　また、大規模修繕・模様替え時には、大規模修繕・模様替え部分以外の部分について、封じ込めや囲い込みの措置が許容される。

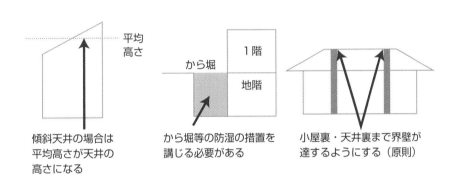

傾斜天井の場合は平均高さが天井の高さになる

から堀等の防湿の措置を講じる必要がある

小屋裏・天井裏まで界壁が達するようにする（原則）

 政令で定める技術的基準に従って換気設備を設けた場合を除き、共同住宅の居室には換気のための窓その他の開口部を設け、その換気に有効な部分の面積は、その居室の床面積に対して、20分の1以上としなければならない。

（H30年−21）

答　換気に有効な部分の面積は原則、20分の1以上としなければならない。　○

共同住宅の各戸の界壁は、原則として、準耐火構造とし、小屋裏又は天井裏に達するようにしなければならない。　　　　　　　　　　　　　（H24年−20改）

答　界壁は、原則として、準耐火構造でなければならない。　　　　　　　　○

維持保全

避難に関する規定等

直前フォーカス

避難に関する規定はよく出題されている。どのような構造になっているか確認しておこう。

●避難等に関する規定

手すり	・高さ1mを超える階段には手すりを設けなければならない。 ・手すりが設けられていない側には側壁等を設けなければならない。 ・手すり及び階段の昇降を安全に行うための設備でその高さが50cm以下のものを設けた場合の階段の幅については、10cmまでの手すり幅はないとみなされる。
廊下の幅	居室の床面積の合計100㎡を超える階で ・両側に居室がある場合：1.6m以上 ❶ ・片側廊下の場合：1.2m以上
非常用の昇降機 今年のヤマ	・高さが31mを超える建築物には、非常用の昇降機を設置しなければならない。 ・高さ31mを超える部分を階段室、昇降機その他の建築設備の機械室、装飾塔、物見塔、屋窓その他これらに類する用途に供する建築物には設置不要
避難通路	・敷地内には、避難階段及び屋外の出口から道又は公園、広場その他の空地に通ずる幅員が1.5m以上の通路を設けなければならない。 ・ただし、階数が3以下で延べ面積が200㎡未満の建物の敷地にあっては90cm以上でよい。
非常用の照明	一定の特殊建築物の居室等から地上に通ずる廊下、階段その他の通路（採光上有効に直接外気に開放された通路を除く）並びにこれらに類する建築物の部分で照明装置の設置を通常要する部分には、非常用の照明装置を設けなければならない。❶❷
さく・手すり等	屋上広場・2階以上の階にあるバルコニー等の周囲には、安全上必要な高さが1.1m以上の手すり壁・さく・金網を設けなければならない。

 コメント ❶ 共同住宅の居室には設置義務はない。

コメント ❷ 非常用の照明は、床面において以下の照度が必要となる。
　①白熱灯：1ルクス以上
　②蛍光灯・LEDランプ：2ルクス以上

●2以上の直通階段が必要になる共同住宅

共同住宅の居室のある階で以下に該当する場合は、2以上の直通階段が必要となる。

	主要構造部	
	耐火構造・準耐火構造・不燃材料	その他
5階以下の階	200㎡超である場合	100㎡超である場合

68

6階以上の階	原則として全ての階に必要

●階段に関する規制

階段の種別	階段及び踊場の幅	蹴上げの寸法	踏み面の寸法
直上階の居室の床面積が合計200㎡超の地上階	120cm以上	20cm以下	24cm以上

●防火地域・準防火地域の制限

	防火地域	準防火地域
共通の規定	外壁が耐火構造のものについては、その外壁を隣地境界線に接して設けることができる。	
防火地域のみ	看板、広告塔、装飾塔その他これらに類する工作物で、以下のどちらかに該当する場合は、その主要な部分を不燃材料で造り、又は覆わなければならない。 ・建築物の屋上に設けるもの ・高さ3mを超えるもの	

●建築物が異なる地域にわたる場合

建築物が防火地域・準防火地域・これらの地域として指定されていない区域のうち、複数の地域にまたがる場合、最も厳しい地域の規定が準用される。

ただし、その建築物が防火地域外において防火壁で区画されている場合、その防火壁外の部分については、この限りでない。

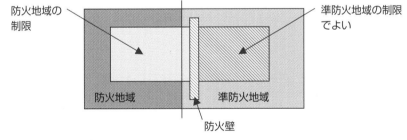

●防火壁

延べ面積が1,000㎡を超える建築物は、防火上有効な構造の防火壁又は防火床によって有効に区画し、かつ、各区画の床面積の合計をそれぞれ1,000㎡以内としなければならない。ただし、耐火建築物又は準耐火建築物に該当する建築物については、この限りでない。

この過去問に注意

主要構造部が準耐火構造である共同住宅の3階（避難階以外の階）については、その階における居室の床面積の合計が150㎡である場合、その階から避難階又は地上に通ずる2以上の直通階段を設けなければならない。　　　（H30年-21）

答　準耐火構造の共同住宅は、200㎡から2以上の直通階段が必要となる。

×

建築確認・その他

直前フォーカス

建築確認は、防火地域等の他の建築基準法の規定とともにH24年、25年、28年で出題されている。マンションに関係する部分を覚えよう。また、違反建築物に対する是正命令はH20年、23年、26年で出題されている。

●建築確認（○……必要　×……不要）　今年のヤマ

	新築	増築・改築・移転	大規模修繕・大規模模様替え	用途変更
床面積200㎡超の特殊建築物（マンション等）	○	10㎡以下は×❶	○❷	○❸

コメント❶　防火地域又は準防火地域内にある場合は、面積に関係なく建築確認が必要

コメント❷　大規模な修繕・模様替えとは、主要構造部の1種以上に行われる過半の修繕・模様替えをいう。
⇒排水管等の主要構造部に該当しない部分の修繕・模様替えは建築確認の対象外

コメント❸　例えば、共同住宅からカフェ等に用途変更する場合は、建築確認が必要

●違反建築物

原則	特定行政庁は、建築基準法に違反する建築物等に、工事の施工の停止等の措置を命じようとする場合においては、あらかじめ、その措置を命じようとする者に対して、その命じようとする措置及びその事由並びに意見書の提出先及び提出期限を記載した通知書を交付して、その措置を命じようとする者又はその代理人に意見書及び自己に有利な証拠を提出する機会を与えなければならない。
公開による意見の聴取	通知書の交付を受けた者は、その交付を受けた日から3日以内に、特定行政庁に対して、意見書の提出に代えて公開による意見の聴取を行うことを請求することができる。

●特定建築物等調査検査等

	特定建築物等定期調査	建築設備等定期検査		
対象等	①特殊建築物で安全上、防火上又は衛生上特に重要であるものとして政令で定めるもの ②上記①以外の特定建築物で、特定行政庁が指定するもの	①特定建築設備等（昇降機及び特定建築物の昇降機以外の建築設備等をいう）で安全上、防火上又は衛生上特に重要であるものとして政令で定めるもの ②上記①以外の特定建築設備等で特定行政庁が指定するもの		
報告者	所有者（所有者と管理者が異なる場合は管理者）			
実施者	一級・二級建築士			
実施者	建築物調査員	建築設備等検査員		
実施者	建築物調査員	建築設備	昇降機	防火設備
実施者	建築物調査員	建築設備検査員	昇降機等検査員	防火設備検査員
報告時期	おおむね6ヵ月～3年までの間隔で特定行政庁が定める時期	おおむね6ヵ月～1年までの間隔で特定行政庁が定める時期 （国土交通大臣が定める検査の項目については、1年から3年まで）		

●消防長等の同意

　建築主事又は指定確認検査機関は、建築確認をする場合においては、建築確認に係る建築物の工事施工地又は所在地を管轄する消防長又は消防署長の同意を得なければ、確認をすることができない。

この過去問に注意　建築主は、防火地域及び準防火地域外にある共同住宅を増築しようとする場合で、その増築に係る部分の床面積の合計が5㎡であるときは、建築確認を受ける必要はない。　　　　　　　　　　　　　　　　　　　　　　　　　（H30年－21）

答　防火地域及び準防火地域外で10㎡以内の増築は、建築確認を受ける必要がない。　　　　　　　　　　　　　　　　　　　　　　　　　　　　　　　○

6日目

合格る
チェック
シート
36

維持保全

都市計画法

直前フォーカス

都市計画法は、毎年１問出題されている。問題の難易度は低いので、ぜひ得点できるようにしよう。

●補助的地域地区

種類			内容
補助的地域地区	用途地域内にのみ定められる	特別用途地区	用途地域内の一定の地区における当該地区の特性にふさわしい土地利用の増進、環境の保護等の特別の目的の実現を図るため当該用途地域の指定を補完して定める地区
		高層住居誘導地区	住居と住居以外の用途とを適正に配分し、利便性の高い高層住宅の建設を誘導するため、一定の用途地域内で、建築物の容積率が40／10又は50／10と定められたもののうち以下の規制を定める地区 ①容積率の最高限度 ②建蔽率の最高限度 ③建築物の敷地面積の最低限度
		高度地区	用途地域内において市街地の環境を維持し、又は土地利用の増進を図るため、以下のいずれかの規制を定める地区 ①建築物の高さの最高限度 ②建築物の高さの最低限度
		高度利用地区	用途地域内の市街地における土地の合理的かつ健全な高度利用と都市機能の更新とを図るため、以下の規制を定める地区 ①容積率の最高限度及び最低限度 ②建蔽率の最高限度 ③建築物の建築面積の最低限度 ④壁面の位置の制限
	制限なし	特定街区	市街地の整備改善を図るため、街区の整備又は造成が行われる地区について、その街区内における以下の規制を定める街区 ①容積率の最高限度 ②建築物の高さの最高限度 ③壁面の位置の制限

●区域区分　💡今年のヤマ

市街化区域	既に市街地を形成している区域及びおおむね10年以内に優先的かつ計画的に市街化を図るべき区域をいう。市街化区域には少なくとも用途地域を定める。
市街化調整区域	市街化を抑制すべき区域をいう。市街化調整区域には原則として用途地域は定めない。
非線引区域	市街化区域及び市街化調整区域に関する都市計画の定められていない都市計画区域のことをいう。非線引区域にも用途地域を定めることができる。

●特例容積率適用地区

　第一種中高層住居専用地域、第二種中高層住居専用地域、第一種住居地域、第二種住居地域、準住居地域、近隣商業地域、商業地域、準工業地域又は工業地域内の適正な配置及び規模の公共施設を備えた土地の区域において、建築物の容積率の限度からみて未利用となっている建築物の容積の活用を促進して土地の高度利用を図るため定められた地区のことである。

●準都市計画区域

　準都市計画区域では、以下のものを定めることができる。

①用途地域、②特別用途地区、③特定用途制限地域、④高度地区（高さの最高限度のみ）、⑤景観地区、⑥風致地区、⑦緑地保全地域、⑧伝統的建造物群保存地区

●特定用途制限地域　💡今年のヤマ

　用途地域が定められていない土地の区域（市街化調整区域を除く）内において、その良好な環境の形成又は保持のため、当該地域の特性に応じて合理的な土地利用が行われるよう、制限すべき特定の建築物等の用途の概要を定める地域のことである。

●田園住居地域

定義	農業の利便の増進を図りつつ、これと調和した低層住宅に係る良好な住居の環境を保護する地域
規制内容	①建蔽率・容積率 ②壁面の後退距離（1m又は1.5m：低層住宅の良好な環境に必要な場合） ③絶対高さ制限（10m又は12m） ④田園住居地域内の農地において行われる土地の区画形質の変更については、市町村長の許可が必要となる。

準都市計画区域については、都市計画に、用途地域を定めることができない。
（H29年－20）

答　　用途地域を定めることができる。　　　　　　　　　　　　　×

73

合格る チェック シート **37**

電気設備・ガス設備・エレベーター

🔍 直前フォーカス

電気設備については、最近の傾向として、配電方法や電灯設備等からの出題がある。基本的な論点は押さえておこう。

●借室電気室

各住戸ごとの契約電力と共用部分の契約電力の総量が50kW以上のマンションは、電力会社の要望により、借室電気室を設けて、敷地内に高圧で引き込まれた電力を各住戸に低圧で引き込むことになる。

●避雷設備

高さが20mを超える建築物には、避雷設備を設ける必要がある。ただし周囲の状況によって安全上支障がない場合は不要

●配電方式　💡今年のヤマ

単相2線式	住宅等に用いられ、電灯やコンセント等に使用される。100Vしか取り出せない。
単相3線式	住宅等で用いられ、200Vを取り出せるので、エアコン等の電気容量の大きな機器も使用できる。

●単相3線式

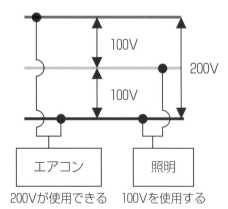

200Vが使用できる　100Vを使用する

単相3線式の配線は、3本の線で構成され、中央の中性線と他の線との間には100V、中性線以外の線間で200Vを取り出すことができる。中性線が何らかの理由で、欠相（断線）すると、中性線と他の線との間に100ボルト以上の電圧がかかり、電気機器が故障することがある。これを防ぐために、単相3線式では、中性線欠相保護機能付きとすることが望ましい。

●高圧一括受電

専有部分と共用部分の使用電力について、管理組合と電力会社が一括して高圧電力の需給契約を締結する場合は、管理組合として、一般的に受変電設備を用意し、維持管理をする必要がある。

●ガス設備

潜熱回収型ガス給湯器	従来のガス給湯器の燃焼ガス排気部に給水管を導き、燃焼時に熱交換して昇温してから、これまでと同様に燃焼部へ水を送り再加熱するもの 潜熱回収時に熱交換器より凝縮水が発生するので、それを排出するために排水管を設置する。
自然冷媒ヒートポンプ式給湯器	自然冷媒ヒートポンプ式給湯機は、大気の熱を吸収した冷媒（二酸化炭素）を圧縮し高熱にして熱源とするのでエネルギー消費効率が高いが、貯湯タンクが必要となるので、省スペースとはいえない。
マイコンメーター	災害の発生のおそれのある大きさの地震動、過大なガスの流量又は異常なガス圧力の低下を検知した場合に、ガスを速やかに遮断する機能を有する。
号数	ガス瞬間式給湯器の能力表示には「号」が一般に用いられ、1号は流量 1 ℓ/minの水の温度を25℃上昇させる能力をいう。

●フルメンテナンス契約とＰＯＧ契約

フルメンテナンス契約	ＰＯＧ契約
①経年劣化した電気、機械部品の取替え、機器の修理を状況に合わせて行う契約 ②ＰＯＧと比べて割高 ③乗場扉、三方枠の塗装、かご内の塗装、床材の修理、意匠変更による改造、本体交換等は契約外であり、別途料金がかかる。	①定期点検、管理仕様範囲内消耗部品の交換、潤滑油等の補給付き契約 ②フルメンテナンスと比べて割安 ③法定の定期検査に要する費用は含まれるが、それ以外の部品交換や修理には別途料金がかかる。

●エレベーターの安全装置

戸開走行保護装置	駆動装置及び制御器に故障が生じ、かごの停止位置が著しく移動した場合、又はかご及び昇降路のすべての出入口の戸が閉じる前にかごが昇降した場合に、自動的にかごを制止する装置
地震時等管制運転装置	地震その他の衝撃により生じた国土交通大臣が定める加速度（初期微動Ｐ波）を検知し、自動的に、かごを昇降路の出入口の戸の位置に停止させ、かつ、当該かごの出入口の戸及び昇降路の出入口の戸を開き、又はかご内の人がこれらの戸を開くことができることとする装置
火災時管制運転装置	火災発生時、防災センター等の火災管制スイッチの操作や自動火災報知器からの信号により、エレベーターを一斉に避難階に呼び戻す装置

....

この過去問に注意

高さ20mを超える建物には、落雷による損傷の危険を減少させるため、周囲の状況に応じて安全上支障がない場合を除いて、有効に避雷設備を設けなければならない。

（H24年－45）

答　周囲の状況に安全上支障がない場合は、避雷設備を設ける必要はない。　　　　　　　　　　　　　　　　　　　　　　　　　　　　　　○

消防設備・消防法

直前フォーカス

　消防法・消防設備は幅広い論点から出題されているが、その中でも特に重要となるのが消防設備の点検報告と防火管理者である。この２つは最低限覚えておくようにしよう。

●非特定防火対象物

　防火対象物には、特定防火対象物と非特定防火対象物とがあるが、マンションは非特定防火対象物に該当する。

●消防設備の点検

機器点検	６ヵ月以内に１回
総合点検	１年以内に１回

特定防火対象物の場合は１年に１回、非特定防火対象物の場合は、３年に１回消防長・消防署長に報告する義務を負う。

　➡マンションは非特定防火対象物なので３年に１回の報告となる！

●消防設備の設置義務　今年のヤマ

	内容	マンションでの設置義務
消火器	A火災（普通火災）・B火災（油火災）C火災（電気火災）に対応している。	延べ面積150㎡以上歩行距離20m以下
自動火災報知設備	感知器、発信機、表示灯、音響装置、中継器、受信機、非常用電源等で構成されている。	延べ面積500㎡以上
泡消火設備	泡による窒息作用と冷却作用で消火する設備	１階の屋内駐車場で延べ面積500㎡以上
連結送水管	消防隊が消火活動に使用する設備	・５階以上のマンションで延べ面積6,000㎡以上・７階以上のマンション
屋内消火栓	居住者が初期消火に使用する設備２人以上で操作する１号消火栓と、１人でも操作できる２号消火栓・易操作性１号消火栓がある。	①延べ面積700㎡②延べ面積1,400㎡（準耐火）③延べ面積2,100㎡（耐火）

スプリンクラー	ヘッドの放水口が閉じている閉鎖型と、開放型がある。	11階以上の階
避難口誘導灯	火災時に避難する方向を誘導する器具	11階以上の階

●資格者による点検　💡今年のヤマ

延べ面積が1,000㎡以上で消防長又は消防署長が認めて指定した共同住宅	消防設備士免状の交付を受けている者等に点検させる。
上記以外	関係者自ら点検できる。

●防火管理者の選任

共同住宅については、収容人員が50人以上のものには、防火管理者を設置する必要がある。
管理権原者は、政令で定める資格を有する者のうちから防火管理者を定め、防火管理者に消防計画を作成させなければならない。そして、その消防計画に基づき、消火・通報・避難訓練の実施や火気の使用・取扱いに関する監督等をさせなければならない。

●防炎対象物品

防炎性能	高層建築物（高さ31mを超える建築物）において使用する防炎対象物品（どん帳、カーテン等）は、政令で定める基準以上の防炎性能を有するものでなければならない。 解ける覚え方　寝具は対象となっていない。
防炎処理	高層建築物の関係者は、当該防火対象物において使用する防炎対象物品について、当該防炎対象物品若しくはその材料に防炎性能を与えるための処理をさせ、又は防炎性能を有する表示もしくは指定表示が附されている生地その他の材料からカーテンその他の防炎対象物品を作製させたときは、その旨を明らかにしておかなければならない。

●統括防火管理者

高層建築物（高さ31mを超える建築物）、地下街等で管理権原が分かれている防火対象物の管理権原者に、統括防火管理者を協議して定め、その統括防火管理者に、当該防火対象物の全体についての消防計画の作成、当該消防計画に基づく消火、通報及び避難の訓練の実施、廊下、階段、避難口等の管理等を行わせなければならない。❶

 統括防火管理者を選任又は解任したときは、管理権限者は、消防長又は消防署長に届け出なければならない。

 延床面積が500㎡以上の屋内駐車場を建物の1階に設ける場合には、泡消火設備等を設置しなければならない。　　　　　　　　　　　　　　（H26年－45）

答　1階の屋内駐車場で500㎡以上の場合は、泡消火設備等の設置が義務付けられている。　　　　　　　　　　　　　　　　　　　　　　　○

給水設備

直前フォーカス

　給水設備は受水槽からよく出題されている。受水槽の構造と点検方法を覚えよう。

●受水槽の6面点検 ❶ 💡**今年のヤマ**

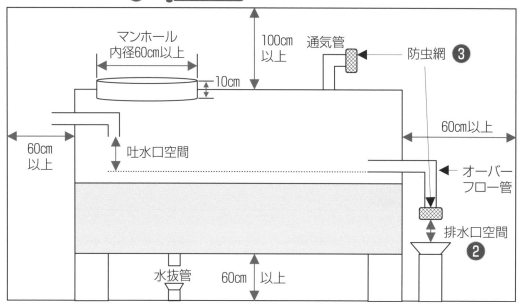

マンホール内径60cm以上
100cm以上
通気管
防虫網 ❸
10cm
60cm以上
吐水口空間
60cm以上
オーバーフロー管
排水口空間 ❷
水抜管　60cm 以上

コメント ❶　水を貯める施設を総称して受水槽という。受水槽は、6面点検ができるように設置する必要がある（6面とは、上下左右前後をいう）。なお、上部は100cm以上、底部及び周壁は60cm以上の保全スペースが必要となる。

コメント ❷　吐水口空間といって、逆流等を防ぐための給水管端からオーバーフロー管下端までに一定の空間を設ける必要があり、また、排水が受水槽内に逆流しないようにするため、オーバーフロー管・水抜管と排水管との間に排水口空間を設ける必要がある。なお、排水口空間は、垂直距離で最小15cmを確保する。

コメント ❸　通気管とオーバーフロー管にはそれぞれ**防虫網の設置**が必要となる。
※なお、水抜管には網の設置は不要。

●受水槽の容量

　一般に受水槽の容量は、マンション全体で１日の使用水量の２分の１程度、高置水槽は10分の１程度で設定される。

●平均給水量

　マンションにおける１人当たりの１日の平均給水量は、200～350ℓ/人・日となる。一般的には250ℓ/人・日で設定する。

●ウォーターハンマー対策

①流速を1.5～2.0m/sに抑える　　②ウォーターハンマー防止装置を設ける
③配管をできるかぎり曲げない

●給水圧力

一般水栓	シャワー	ガス給湯器（22～30号）
30kPa	70kPa	80kPa

●給水方式　💡今年のヤマ

水道直結方式	水道本管から給水管を直接分岐して建物内に引き込み、各住戸に直接給水する方式
増圧直結給水方式	水道本管から引き込んだ水を、増圧給水設備を経て各住戸に給水する方式。給水立て管の頂部に吸排気弁が必要
高置水槽方式	水道本管から引き込んだ水を一度受水槽に貯水し、揚水ポンプでマンションの屋上等に設置された水槽に揚水し、そこから重力を使って各住戸に給水する方式
圧力タンク方式	水道本管から引き込んだ水を一度受水槽に貯水し、そこから給水ポンプで圧力タンクに給水し、圧力タンクを使用して各住戸に給水する方式
タンクなしブースター方式（ポンプ直送式）	水道本管から引き込んだ水を一度受水槽に貯水し、そこから給水ポンプで直接圧縮した水を各住戸に給水する方式

解ける覚え方　増圧直結給水方式は、受水槽が不要なので省スペース化を図ることができる。

この過去問に注意　ポンプ直送方式で用いる受水槽に、内部の保守点検のために、有効内径60cmのマンホールを設けた。　　　　　　　　　　　　　　（H30年－43）

答　マンホールの有効内径は60cm以上必要である。　　　　　　　　　　○

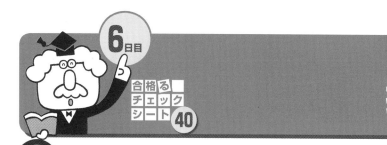

排水設備

6日目 合格るチェックシート40

直前フォーカス

排水設備では、排水管と通気管に関する問題が出題されている。それぞれの役割や構造について覚えよう。

●トラップ

トラップとは、トラップ内で水を封じる（封水する）ことにより、排水管内から下水臭気や害虫等が室内に入らないように、排水管と排水がなされる器具の間に設けられている装置のことである。❶

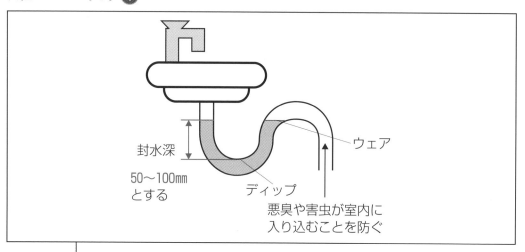

封水深
50～100mm
とする

ウェア

ディップ

悪臭や害虫が室内に入り込むことを防ぐ

トラップを二重に設ける「二重トラップ」は禁止されている。

●排水管の種類

雨水立て管	屋根の雨水を屋外排水管へ排除するための排水立て管 **解ける覚え方** 通気管・汚水排水管との兼用・連結はしてはならない。
器具排水管	衛生器具に設置されるトラップに接続されている排水管で、トラップから他の排水管までの間の管のこと
排水横枝管	器具排水管から、排水立て管、または排水横主管までの排水管
排水横主管	建物内の排水を集めて、屋外排水設備に排除する横引き管

●**排水立て管の掃除口**

　排水立て管には、最上階又は屋上、最下階、及び3階以内おきの中間階又は15m（5階）以内ごとに、掃除口を設けることが望ましい。

　また、共用部分の排水管に設置する掃除口は、排水の流れと「反対」の方向又は流れと直角方向に開口するように設ける。

●**排水ますの種類**

　排水ますとは、排水管の詰まりが起きやすい所に点検や清掃のため設けられるますをいう。

雨水ます	敷地等に降った雨水を集水するます。底部に土砂などを阻集するために15cm以上の泥だめを設ける。
トラップます	2系統以上の排水管をまとめて合流させる会所ますの1つ。臭気の逆流を防ぐためにトラップの構造とされている。
汚水ます	インバートますともいう。敷地からの汚水を受けて、これを下水管渠に流入させる。

●**通気管**　　今年のヤマ

　通気管とは、トラップ封水を維持し、排水管内の気圧と外気の気圧差をできるだけ生じないようにし、排水をスムーズにする施設である。

各個通気方式	1個のトラップごとに通気管を設ける方式
ループ通気方式	1本の排水横枝管に接続される2個以上の器具トラップを一括して通気するために通気管を設ける方式
伸頂通気方式	排水立て管の頂部を延長し大気に開放する方法
特殊継手排水方式	単管式とも呼ばれ、通気立て管の設置が不要となる。また、複数の排水横枝管からの排水を1つの継手に合流させる機能があり排水管の数を減らせる。
結合通気管	排水立て管と通気立て管を接続し、排水立て管の下層階で生じた正圧、上層階で生じた負圧を緩和するために用いる通気管

●**排水管の管径と勾配**

管径	75mm・100mm	125mm	150mm〜300mm
勾配	1/100以上	1/150以上	1/200以上
使用箇所	雑排水	汚水	汚水

....

この過去問に注意

結合通気管は、排水立て管と通気立て管を接続し、排水立て管の下層階で生じた負圧、上層階で生じた正圧を緩和するために用いる。　　（H28年−44）

答　結合通気管は、排水立て管の下層階で生じた「正圧」、上層階で生じた「負圧」を緩和するために用いる。説明が逆である。　　　　×

水道法

　水道法では、専用水道、簡易専用水道、貯水槽水道の定義と管理の方法が非常によく出題されている。必ず覚えておかなければならない論点だ。

●専用水道・簡易専用水道

	専用水道	簡易専用水道
定義	寄宿舎・社宅・療養所等における自家用水道その他水道事業用に供する水道以外の水道であって以下のいずれかに該当するもの ①100人を超える者にその居住に必要な水を供給するもの ②１日の最大給水量が20㎥を超えるもの ただし、他の水道から供給を受ける水のみを水源とし、かつ、その水道施設のうち地中又は地表に施設されている部分の規模が以下の基準以下である水道部分は除かれる。 ①口径25mm以上の導管の全長1,500m ②受水槽の有効容量の合計100㎥	水道事業用に供する水道及び専用水道以外の水道であって、水道事業用に供する水道から受ける水のみを水源とするもので、受水層の有効容量が10㎥を超えるもの

> **解ける覚え方**　簡易専用水道は、水源を水道事業用水道（上水道）としており、地下水等の自家用水源は対象としていない。

●貯水槽水道

　水道事業用水道・専用水道を除き、水道事業用水道を水源とし、受水槽を介して給水する建物内水道の総称を貯水槽水道という。

①受水槽の容量が10㎥を超える	簡易専用水道
②受水槽の容量が10㎥以下	小規模受水槽等

　つまり、簡易専用水道に該当しない小規模受水槽も、水道事業者の供給規定（貯水槽水道の管理の基準や利用者に対する情報提供を定める）に基づき、管理の義務を負うことになる。

	簡易専用水道
水質検査	① 設置者は、毎年1回、定期に地方公共団体の機関又は国土交通大臣及び環境大臣の登録を受けた者の検査を受けなければならない。 法改正 ※検査義務違反は100万円以下の罰金 ＜検査内容＞ ⑴ 施設の外観検査 ❶水槽等に有害物、汚水等衛生上有害なものが混入するおそれの有無についての検査 ❷水槽及びその周辺の清潔の保持についての検査 ❸水槽内における沈積物、浮遊物質等の異常な存在の有無についての検査 これらの検査は、簡易専用水道の維持管理の状態がその水質に一見明白な障害を与えるおそれのあるものであるか否かを検査するものであり、水槽の水を抜かずに判断できる範囲で検査を行う。 ⑵ 給水栓における水質検査 ❶臭気、味、色、色度及び濁度に関する検査、❷残留塩素の有無についての検査 ⑶ 書類検査 ❶簡易専用水道の設備の配置及び系統を明らかにした図面 ❷受水槽の周辺の構造物の配置を明らかにした平面図 ❸水槽の掃除の記録、❹その他の管理についての記録
	② 給水栓における水の色、濁り、臭い、味その他の状態により、供給する水に異常を認めたときは、51の水質基準の項目のうち、必要なものについて検査を行わなければならない。 解ける覚え方　残留塩素は検査項目になっていない。
水槽の清掃	毎年1回、定期に行う。

貯水槽水道のうち、水槽の有効容量の合計が100㎥を超えるものは、専用水道となる。　　　　　　　　　　　　　　　　　　　　　　　　　　（H27年－22）

答　専用水道は、貯水槽水道の範囲に含まれていない。　　　　　　　　×

簡易専用水道の設置者が、定期に、地方公共団体の機関又は国土交通大臣及び環境大臣の登録を受けた者の検査を受けない場合、罰金に処せられる。

（R5年－22）

答　簡易専用水道の設置者が、定期に、地方公共団体の機関又は国土交通大臣及び環境大臣の登録を受けた者の検査を受けない場合、100万円以下の罰金に処せられる。　　　　　　　　　　　　　　　　　　○

41
水道法

維持保全

建築構造等

合格るチェックシート42

直前フォーカス

　鉄筋コンクリート造等のマンションで用いられる建築構造の特徴を覚えておこう。また、マンションで用いられる住棟型式の特徴も繰り返し出題されているので注意しておこう。

●建築構造の種類

	定義	長所	短所
鉄筋コンクリート造（RC造）	鉄筋（引張強度は高いが圧縮強度が低い）とコンクリート（引張強度は低いが圧縮強度が高い）の長所を生かすように組み合わせた構造形式❶	耐震性、耐久性、耐火性が高い。一体構造として、ラーメン構造をつくりやすい。自由な形の構造物をつくれる。	重い（建物の全重量の70〜80％が構造物の自重）ひび割れが生じやすい。クリープ変形（一定の荷重が持続して作用する際、材料の変形が時間とともに増大する現象）が大きい。
鉄骨鉄筋コンクリート造（SRC造）	鉄骨造を鉄筋コンクリートで被覆したもの	鉄筋コンクリート造よりも強さと粘りを持つ耐震・耐火構造大規模の建築や高層建築に適している。	重い。工期が長期化する。解体コストが高い。

 コメント① コンクリートと鉄筋の熱（線）膨張率はほぼ等しく、相性が良い。

●構造型式

ラーメン構造	① 柱・梁・床・壁で構成され、**節点は剛（しっかり固定）に接合** ② 鉄骨造・鉄筋コンクリート造・鉄骨鉄筋コンクリート造・鋼管コンクリート造等に適用
壁式構造	① 鉄筋コンクリートの**壁・床を一体にして箱状の構造体を構成**し、荷重や外力に抵抗する構造形式 ② 壁の多い**中低層**のマンションに適する。 ※ ラーメン構造と比較して経済的な構造、剛性も高く、強度も大きい、**耐震性も高い**。

●住棟型式

型式	特徴
階段室型	階段室を各住戸で繋いだ形式 各住戸の**プライバシー**が**確保**しやすい。
片廊下型	住戸が横並びになり、バルコニー側と反対側に共用廊下がつく形式 各住戸の住居性は均質になる。 共用廊下側に居室を設けた場合、その居室の**プライバシーを確保し**にくい。
中廊下型	中心に廊下を配置した形式 **通風や日照を確保しにくい。** 日照条件を考慮し、住棟を**南北軸に配置**することが望ましい。
ツインコリドール型	中央に吹き抜けを設置し、住戸の主要な開口部を東と西に向けて、渡り廊下で繋ぐように片廊下型住棟を並列させた形式 中廊下型に比べて、通風や換気がしやすい。
ボイド型	階段・エレベーター等の縦方向のシャフトをコアとして設け、コアと続いた共用廊下の中央に吹き抜けを配した形式
スキップフロア型	2～3階ごとに共用廊下を設け、共用廊下のない階へは階段で移動する形式
スケルトン・インフィル	建物の**スケルトン**（**構造躯体**）と**インフィル**（住戸内の**内装・設備等**）とを分離した工法によるもので、建築物の躯体の耐用年数は、内装と比べ著しく長いので、維持・補修、交換・更新等の容易性が確保されるように配慮されたもの
タウンハウス	各住戸に専用庭やコモンスペース（共用の広場、庭、駐車場など）を持つ低層の集合住宅であり、**戸建て住宅の独立性**と**集合化する**ことによる**経済性**を併せ持つ。
コーポラティブハウス	**組合を結成した人**たちが共同して住宅を取得する方式
環境共生住宅	地球環境を保全する観点から、エネルギー・資源・廃棄物などの面で充分な配慮がなされるとともに、周辺環境と調和し、健康で快適に生活できるよう工夫された住宅及び住環境のこと

スケルトン・インフィル住宅は、建物各部の耐用年数や利用形態の違いを考慮して、スケルトンとインフィルを分離して計画する。　（R2年-42）

答　スケルトン・インフィル住宅は、スケルトン（構造躯体）とインフィル（住戸内の内装・設備等）とを分離した工法である。　○

合格る■チェックシート**43**

耐震補強・耐震改修法

直前フォーカス

　　耐震関係の問題は、頻出論点である。耐震補強の方法と、その分類を覚えよう。また、耐震改修法からも出題されている。マンションに関連する部分を押さえよう。

●耐震補強の方法

建築物の耐力を向上させる	耐震壁の増設、鉄骨ブレース補強、そで壁補強等
靭性を増す	鋼板を巻く、炭素繊維を巻く。
地震力を低減する	耐震構造、制振（震）構造
構造上のバランス改善	耐震スリットを設ける、耐震壁をバランスよく配置する。

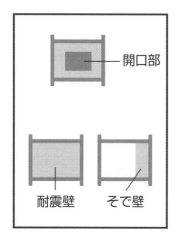

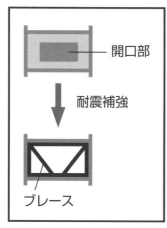

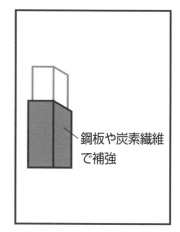

●免震構造と制振（震）構造

免震構造	建物の基礎と上部構造の間に、積層ゴムや滑り機能をもつ免震装置を設けて、地震力に対して建物がゆっくりと水平移動し、建物の曲げや変形を少なくする（外力を抑える）構造
制振（震）構造	建物の骨組み等に制振装置を設けて、地震のエネルギーを制振部材（ダンパー）で吸収することにより、建物が負担する地震力を低減する（地震の揺れを小さくする）構造

●既存不適格建築物の耐震診断の努力義務

要緊急安全確認大規模建築物・要安全確認計画記載建築物以外の既存不適格建築物についても、耐震診断の実施に努めなければならない。

> **解ける覚え方** 分譲共同住宅にも、耐震診断の努力義務が課せられる。

●計画の認定

建築物の耐震改修をしようとする者は、国土交通省令で定めるところにより、建築物の耐震改修の計画を作成し、所管行政庁の認定を申請することができる。

計画が認定された建築物については、以下の緩和規定が適用される。

---
①耐震関係規定以外については、既存不適格のままでよい。
②耐火建築物の規定、容積率、建蔽率については、適用されない。
③認定により、建築確認済証の交付があったとみなされる。

●建築物の地震に対する安全性に係る認定

建築物の所有者は、国土交通省令で定めるところにより、所管行政庁に対し、当該建築物について地震に対する安全性に係る基準に適合している旨の認定を申請することができる。

●区分所有建築物の耐震改修の必要性に係る認定

耐震診断が行われた区分所有建築物の管理者等は、国土交通省令で定めるところにより、所管行政庁に対し、当該区分所有建築物について耐震改修を行う必要がある旨の認定を申請することができる。

> **解ける覚え方** この認定を受けた区分所有建物は、耐震改修が、共用部分の重大変更に該当する場合でも、集会の普通決議で、そのための工事を行うことができる。

●地震に弱い建物

---
①ピロティ形式の建物
②コの字型、L字型の建物
③重心（建物の平面形状の中心）と剛心（水平力に対抗する力の中心）に距離がある建物
④耐力壁等が均等に配置されていない建物

この過去問に注意 耐震改修を行う場合は、建築物の耐震改修の促進に関する法律に基づき耐震改修計画の認定手続きを経た後、建築基準法に基づく建築確認の申請の手続きが必要である。 （H22年－42）

答 認定を受けたことで、建築確認済証の交付があったとみなされる。

×

合格る チェック シート 44

大規模修繕

🔍 **直前フォーカス**

　大規模修繕工事では、建築物の劣化現象とその診断方法、修繕方法等が聞かれている。どの箇所の、どのような劣化を調べるのに、どのような方法を用いるかを整理しよう。

●建物の劣化現象

用語	定義
エフロレッセンス （白華現象）	コンクリートの表面に出た白色の物質（セメント中の石灰等が水に溶けて表面に染み出し、空気中の炭酸ガスと化合してできたもの）
ポップアウト	コンクリート内部の部分的な膨張圧により、コンクリート表面の小部分が円錐形のくぼみ状に破壊された状態
白亜化	チョーキングともいい、塗膜の表層が次第に劣化し、元の色相よりも白くなり塗膜が粉状になる現象

●マンションの診断方法 💡**今年のヤマ**

種類	内容・方法
中性化深さ診断	測定する部位に径10mmほどの孔をあけ、フェノールフタレイン溶液（アルカリ性に反応する）を噴霧した後、スケール付内視鏡で診断する方法や、抜き出したコアサンプルにフェノールフタレイン溶液を噴霧して診断する方法がある。
塩分量の診断	コアサンプルを抜き出して、そのサンプルを使い、コンクリート中の塩分濃度を測定する。
ひび割れ診断	目視でひび割れの有無等を、クラックスケールを用いて測る。 目視で調査できないようなひび割れは、超音波法等によって測る。
コンクリート強度の診断	コンクリートコアを破壊し、検査・診断をする方法 シュミットハンマーでコンクリート表面を打撃し、表面のくぼみや跳ね返りを測定する。
赤外線映像装置調査	対象物の表面各部から放射される赤外線量を測定し、温度分布像として映像化することで、水分の浸入や躯体の浮きを判断する。

電磁波レーダー	電磁波を使って鉄筋位置・配筋間隔・かぶり厚さ等の特定をする方法	
クロスカット試験	塗装の密着力を調べる方法	

●コンクリートの修繕方法

	ひび割れに挙動がある	ひび割れに挙動がない
ひび割れ幅 0.2mm未満	シール工法 （可とう性エポキシ樹脂）	シール工法 （パテ状エポキシ樹脂）
ひび割れ幅 0.2〜1.0mm以下	①エポキシ樹脂注入工法 　（可とう性エポキシ樹脂） ②Uカットシール材充てん工法 　（可とう性エポキシ樹脂）	エポキシ樹脂注入工法 （エポキシ樹脂）
ひび割れ幅 1.0mm超	Uカットシーリング材充てん工法 （シーリング材）	①エポキシ樹脂注入工法 　（エポキシ樹脂） ②Uカットシール材充てん工法 　（可とう性エポキシ樹脂）

●ピンネット工法

外壁複合改修構工法（ピンネット工法）は、既存のタイルやモルタル等の仕上げ層を撤去せずに、アンカーピンによる仕上げ層の剥落防止と繊維ネットによる既存仕上げ層の一体化により安全性を確保する工法

解ける覚え方 外壁タイル等は既存の物を残して行う。

●エポキシ樹脂注入工法

　低粘度のエポキシ樹脂を20〜30cm間隔で取り付けた注入パイプから自動的に低圧で注入（自動低圧式）する工法

この過去問に注意

モルタル塗り仕上げ部分に発生している幅が1.0mmを超えるひび割れで、ひび割れ幅が変動する場合の補修は、Uカットシール材充填工法とし、充填材にシーリング材を用いるのが一般的である。　　　　　　　（H29年−38）

答 幅が1.0mmを超えるひび割れで、ひび割れ幅が変動する場合は、Uカットシール材充填工法を採用する。　　　　　　　　　　　　　　　　　　○

長期修繕計画

直前フォーカス

長期修繕計画は、毎年1問出題されている重要論点である。ここでは、特に出題頻度の高い「長期修繕計画作成ガイドライン」（抜粋）と「修繕積立金ガイドライン」（抜粋）について押さえておこう。また、どちらも改訂があったので注意しよう。

●長期修繕計画の作成の前提条件

長期修繕計画の作成に当たっては、次に掲げる事項を前提条件とする。
　①推定修繕工事は、建物及び設備の性能・機能を新築時と同等水準に維持、回復させる修繕工事を基本とする。
　②区分所有者の要望など必要に応じて、建物及び設備の性能を向上させる改修工事を設定する。
　③計画期間において、法定点検等の点検及び経常的な補修工事を適切に実施する。
　④計画修繕工事の実施の要否、内容等は、事前に調査・診断を行い、その結果に基づいて判断する。

●長期修繕計画の作成及び修繕積立金の額の設定の手順

新築マンションの場合は、分譲会社が提示した長期修繕計画（案）と修繕積立金の額について、購入契約時の書面合意により分譲会社からの引渡しが完了した時点で決議したものとするか、又は引渡し後速やかに開催する管理組合設立総会において、長期修繕計画及び修繕積立金の額の承認に関しても決議することがある。
既存マンションの場合は、長期修繕計画の見直し及び修繕積立金の額の設定について、理事会、専門委員会等で検討を行ったのち、専門家に依頼して長期修繕計画及び修繕積立金の額を見直し、総会で決議する。
なお、長期修繕計画の見直しは、大規模修繕工事の中間に単独で行う場合と、大規模修繕工事の直前又は直後に行う場合がある。

●計画期間全体における修繕積立金の平均額の目安（機械式駐車場を除く）

地上階数/建築延床面積		月額の専有面積当たりの修繕積立金額	
		事例の3分の2が包含される幅	平均値
【20階未満】	5,000㎡未満	235円～430円／㎡・月	335円／㎡・月
	5,000㎡以上～10,000㎡未満	170円～320円／㎡・月	252円／㎡・月
	10,000㎡以上～20,000㎡未満	200円～330円／㎡・月	271円／㎡・月
	20,000㎡以上	190円～325円／㎡・月	255円／㎡・月
【20階以上】		240円～410円／㎡・月	338円／㎡・月

●マンションのビジョンの検討

マンションの現状の性能・機能、調査・診断の結果等を踏まえて、計画期間においてどのような生活環境を望むのか、そのために必要とする建物及び設備の性能・機能等について十分に検討することが必要である。

また、現状の耐震性、区分所有者の要望等から、必要に応じて「マンション耐震化マニュアル（国土交通省）」、「改修によるマンションの再生手法に関するマニュアル（国土交通省）」等を参考とし、建物及び設備の耐震性、断熱性等の性能向上を図る改修工事の実施検討を行う。

高経年のマンションの場合は、必要に応じて「マンションの建替えか修繕かを判断するためのマニュアル（国土交通省）」等を参考とし、建替えも視野に入れて検討を行うことが望まれる。

●修繕積立金の積立方法

修繕積立金の積立ては、長期修繕計画の作成時点において、計画期間に積み立てる修繕積立金の額を均等にする積立方式（均等積立方式）を基本とする。

修繕積立金の積立ては、計画期間に積み立てる修繕積立金の額を均等にする積立方式（均等積立方式）を基本とする。 　　　　　　　　　　（H23年－38）

答　修繕積立金の積立ては、「均等積立方式」を基本とする。　　　　○

7日目

合格る■チェックシート46

マンションの断熱

直前フォーカス

建物と熱の問題については、H17年、20年、21年、23年、26年、29年、R2年、3年と比較的頻繁に出題されている。

熱の性質と断熱の工法・設備について注意しておきたい。

●熱の性質

熱伝導率	ある物質の熱の伝わりやすさを表す値
熱伝達率	材料表面とそれに接する周辺空気の間の熱の伝わりやすさを表す値
熱貫流率	外壁や屋根等を伝わって流れる熱の大小を表す数値 熱伝導と熱伝達の2要素により決まる。

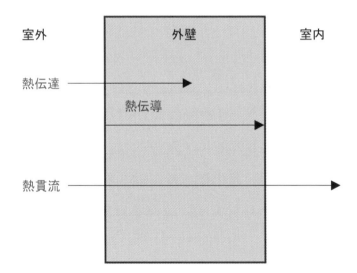

●外皮平均熱貫流率 ❶

住宅全体の各部位からの熱損失量の合計を天井、壁、床、窓などの外皮合計面積で割った値をいう。数値が**小さい**ほど断熱性能が高い。

　外皮平均熱還流率はUA値で表される。

●断熱工法の種類

［内断熱］

長所	短所	
①コストが低い。 ②空調の面で有利 ③外壁材が自由に選べる。	①断熱材が湿気を吸収することで、断熱性が低下する。 ※室内側に防湿層を設ける必要がある。 ②躯体に温度変化が生じるため負担がかかる。	防水層／躯体部分／断熱材

［外断熱］

長所	短所	
①気密性が確保できる。 ②躯体に温度変化が生じないので、負担がかからない。 ③ヒートブリッジが形成されにくく、結露発生が抑えられる。	①コストが割高 ②空調の面で不利（気密性が高い分、十分な換気が必要）	断熱材／タイル等／防水層／躯体部分

●ガラス等

複層ガラス	２枚以上のガラスを重ね、その間に乾燥空気等を封入することで、光の透過性を維持しながら、断熱性をもたせたガラス
低放射複層ガラス （Low－Eガラス）	室内側にLow－E膜をコーティングしたガラスで、一般の複層ガラスよりも熱貫流率が小さく、結露が発生しにくい。

 単板ガラスを厚くしても、断熱性能の改善はわずかである。

 熱伝導抵抗の大きい断熱材や建具等により、住宅の断熱性能を高め熱の出入を減少させることは、節電に有効である。　　　　　　　　　　（H23年－40）

答　「熱伝導抵抗が大きい＝熱が伝わりにくい」ということなので、断熱性能が高まり、節電に有効である。　　　　　　　　　　　　　　　○

7日目

合格る
チェック
シート
47

その他の設備・法令等

前フォーカス

　ここでは、過去に何度か出題実績があるものをまとめておく。中でも国土交通省が作成した「防犯に配慮した共同住宅に係る設計指針」(以下「防犯に関する指針」と略す)又は警備業法は、どちらか1問の出題が見込める論点である(昨年度は防犯に関する指針から出題)。注意しよう。

●防犯に関する指針 　今年のヤマ

共用玄関	10m先の人の顔、行動が明確に識別でき、誰であるか明確に分かる程度以上の照度が必要 平均水平面照度がおおむね50ルクス以上必要とされる。
駐車場	4m先の人の挙動、姿勢等が識別できる程度以上の照度が必要 平均水平面照度がおおむね3ルクス以上必要とされる。
共用廊下・ 共用階段	共用廊下及び階段の照明設備は、極端な明暗が生じないように配慮しつつ、床面においておおむね20ルクス以上必要
共用メール コーナー	照明装置は、10m先の人の顔、行動が明確に識別でき、誰であるか明確にわかる程度以上の照度が必要 平均水平面照度が、おおむね床面で50ルクス以上必要とされる。
共用玄関の存する階以外のエレベーターホール	照明装置は、10m先の人の顔、行動が識別でき、誰であるかわかる程度以上の照度が必要 平均水平面照度が、おおむね床面で20ルクス以上必要とされる。

●警備業法

警備業の認定	警備業を営もうとする者は、一定の事項について、都道府県公安委員会の認定を受けなければならない。
警備員	18歳未満の者は、警備員となってはならない。
機械警備業務	警備業務用機械装置(警備業務対象施設に設置する機器により感知した盗難等の事故の発生に関する情報を当該警備業務対象施設以外の施設に設置する機器に送信し、及び受信するための装置で内閣府令で定めるものをいう。)を使用して行う警備業務
機械警備業務の届出	機械警備業務を行おうとする時は、当該機械警備業務に係る受信機器を設置する施設(基地局)又は送信機器を設置する警備業務対象施設の所在する都道府県の区域ごとに、当該区域を管轄する公安委員会に、届出書を提出しなければならない。

●防音対策

重量床衝撃音	比較的重くて硬い物が床に落下した時等に発生する音 床板の大きさや厚さ、密度によりその大きさが異なる。
軽量床衝撃音	比較的軽い物が床に落下した時等に発生する音 表面に柔軟な弾性材料を用いることが対策として有効

●Δ（デルタ）L値とD値

	定義	性能
Δ（デルタ）L値	実験室で測定された周波数帯域ごとの床衝撃音レベル低減量の値をもとに、床材の床衝撃音低減性能の高低を等級として表記するものΔは「差」を表す記号	数値が大きいほど、性能が高い（遮音されている）。
D値	sound pressure level Differenceの略で、音源側の音の大きさと、その場所で聞こえる音の差を表す。	数値が大きいほど、性能が高い（遮音されている）。

解ける覚え方 L値は、数値が**小さいほう**が高性能である（遮音性が高い）。

●階段等に関する各種法令の規定のまとめ

	階段	廊下	スロープ（傾斜路）
建築基準法	幅1.2m以上 10cmまでの手すりは幅員に算入しない。 手すりを設けなければならない。	両側に居室：1.6m 片側に居室：1.2m	勾配は1／8以下
バリアフリー法	表面は粗面・滑りにくい材料で仕上げる。 点状ブロック等を敷設する。 踊り場を除き手すりを設ける。	表面は粗面・滑りにくい材料で仕上げる。	勾配が1／12を超え、又は高さが16cmを超える傾斜がある部分には手すりを設ける。 表面は粗面・滑りにくい材料で仕上げる。

共用廊下・共用階段の照明設備は、極端な明暗が生じないよう配慮しつつ、床面において概ね20ルクス以上を確保する。　　　　　　（H22年－24）

答　共用廊下・共用階段の照明設備は、極端な明暗が生じないよう配慮しつつ、床面において概ね20ルクス以上を確保する。　　　　○

マンション管理士

直前フォーカス

自分が目指している資格であるマンション管理士に、どうやったらなれるのか。どのような義務を負うことになるのか。しっかりと確認しておこう。

●マンション管理士の登録欠格事由  今年のヤマ

①心身の故障によりマンション管理士の職務を適正に営むことができない者

②禁錮以上の刑に処せられ、その執行を終わり、又は執行を受けることがなくなった日から2年を経過しない者

③適正化法による罰金刑に処せられ、その執行を終え、又は執行を受けることがなくなった日から2年を経過しない者

④マンション管理士の登録を以下の取消原因により取り消され、その取消しの日から2年を経過しない者

> ア）偽りその他不正の手段で登録を受けた
> イ）信用失墜行為の禁止に違反した
> ウ）国土交通省令で定める講習を受けなかった
> エ）秘密保持義務に違反した

⑤管理業務主任者が以下の理由により登録を取り消され、その取消しの日から2年を経過しない者

> ア）偽りその他不正の手段により管理業務主任者登録を受けた
> イ）偽りその他不正の手段により管理業務主任者証の交付を受けた
> ウ）指示処分事由に該当し情状が特に重い時、又は事務禁止処分に違反した時

⑥管理業務主任者登録を受けた者で管理業務主任者証の交付を受けていない者が、以下の理由により登録を取り消され、その取消しの日から2年を経過しないもの

> ア）偽りその他不正の手段により管理業務主任者登録を受けた
> イ）管理業務主任者としてすべき事務を行い、情状が特に重い

⑦マンション管理業者の登録を以下の理由により取り消され、その取消しの日から2年を経過しない者（法人の場合は、その取消の前30日以内にその法人の役員であった者）

> ア）偽りその他不正の手段によりマンション管理業者の登録を受けた
> イ）業務停止命令事由に該当し、情状が特に重い、又は業務停止命令に違反した

●名称使用の停止処分

国土交通大臣はマンション管理士が、以下の事由に該当した場合には、その登録を取り消し(任意的取消)、又は期間を定めてマンション管理士の名称の使用を停止することができる。

①信用失墜行為の禁止に違反した場合
②国土交通省令で定める5年ごとの講習を受けない場合
③秘密保持義務に違反した場合

| 解ける覚え方 | マンション管理士には5年ごとの更新という制度はない。5年ごとの講習は、最新の法改正や建築知識を身に付けるためである。 |

●マンション管理士の登録の取消し

①前頁の登録欠格事由(うち④を除く)に該当する場合 ②偽りその他不正の手段により登録を受けた場合	登録を取り消さなければならない(必要的取消)。
①信用失墜行為の禁止に違反した場合 ②国土交通省令で定める5年ごとの講習を受けない場合 ③秘密保持義務に違反した場合	その登録を取り消すことができる(任意的取消)。

●マンション管理士の罰則

①秘密保持義務に違反した場合	1年以下の懲役又は30万円以下の罰金(親告罪)
②名称使用制限違反の場合	30万円以下の罰金
③名称使用停止処分違反の場合	30万円以下の罰金

この
過去問に
注意

国土交通大臣は、マンション管理士が、その信用を傷つけるような行為をしたときは、その登録を取り消し、又は期間を定めてマンション管理士の名称の使用の停止を命ずることができる。　　　　　　　　　　　　　　(H22年-46)

| 答 | 国土交通大臣は、マンション管理士が、その信用を傷つけるような行為をしたときは、その登録を取り消し(任意的取消し)、又は期間を定めて、マンション管理士の名称の使用の停止を命ずることができる。　　　　　　　　　　　　　　　　　　　　　　　　　　　○ |

マンション管理士は、マンション管理士の信用を傷つけるような行為をした場合には、20万円以下の罰金に処される。　　　　　　　　　　(H24年-50)

| 答 | 信用失墜行為の禁止に違反しても、罰則の適用はない。　　　　　× |

合格る
チェック
シート
49

重要事項の説明その他

直前フォーカス

重要事項の説明、契約締結時に交付すべき書面、管理事務の報告では、管理者が置かれているか否かで、その対応が異なることがある。解答する際には、管理者の有無を要チェックである。

●重要事項の説明　今年のヤマ

説明する者	管理業務主任者が行う。専任の管理業務主任者でなくてもよい。
重要事項説明書	重要事項を説明する際には、重要事項説明書を交付する。重要事項説明書には、管理業務主任者が記名（又は電子署名等）しなければならない。
主任者証の提示	管理業務主任者は、重要事項の説明に際して、相手方の請求がなくても、主任者証を提示する必要がある。
重要事項の説明のしかた❶	重要事項の説明は、あらかじめ説明会を開催してしなければならない。説明会の1週間前までに区分所有者等に重要事項並びに説明会の日時及び場所を記載した書面❷を交付する必要がある。
説明する相手方	区分所有者等及び管理者
重要事項が不要な場合	①新築マンションの分譲…居住用専有部分の引渡しの日のうち最も早い日から1年 ②中古マンションの区分所有権の全部を一又は複数の者が買い取り分譲した場合…買取り後に居住用専有部分の引渡しの日のうち最も早い日から1年

❶ ITを用いた重要事項説明も認められる。

❷ 管理者等の承諾を得て、電磁的方法による提供も可能

●同一条件で契約を更新した際の重要事項の説明　今年のヤマ

マンション管理業者は、従来の管理受託契約と同一の条件で管理組合との管理受託契約を更新しようとするときは、

管理者等が置かれている場合	区分所有者等に対し重要事項説明書を交付し、また、管理者等に対し、管理業務主任者をして、重要事項説明書を交付して説明をさせなければならない。❶
管理者等が置かれていない場合	当該管理組合を構成するマンションの区分所有者等全員に重要事項説明書を交付しなければならない。

❶ 認定管理者等から重要事項説明を要しない旨の意思の表明があったときは、重要事項説明書の交付のみでよい。

| 解ける覚え方 | 同一条件で契約を更新した場合で、管理組合に管理者等が置かれていないときは、区分所有者の全員に対し、説明会を開催して、重要事項を説明する必要はない。 |

●契約締結時の書面の交付 ③ ④

管理者等が置かれている場合	当該管理者等に対し交付する。
・管理者等が置かれていない場合 ・管理業者が管理者等である場合	当該管理組合を構成するマンションの区分所有者等全員に交付する。

 ③ 管理業務主任者が記名又は電子署名等しなければならない。

コメント ④ 管理者等の承諾を得て、電磁的方法による提供も認められる。

●管理事務の報告　💡今年のヤマ

管理組合に管理者等が置かれている場合	国土交通省令の定めるところにより、定期に（❺）当該管理者等に対し、管理業務主任者に管理事務に関する報告（❻）をさせなければならない。❽
管理組合に管理者等が置かれていない場合❼	国土交通省令の定めるところにより、定期に（❺）説明会を開催し、区分所有者等に対して管理業務主任者に管理事務に関する報告（❻）をさせなければならない。❽

コメント ❺ 「定期に」…管理事務を委託した管理組合の事業年度終了後、遅滞なく、の意味

コメント ❻ 管理事務の報告をするときは、管理業者が管理事務報告書を作成し、管理業務主任者が交付する。
解ける覚え方 管理事務報告書には、管理業務主任者が記名する必要はない。

コメント ❼ マンション管理業者は、説明会の開催日の1週間前までに、説明会の開催の日時及び場所について、当該管理組合を構成するマンションの区分所有者等の見やすい場所に掲示しなければならない。

コメント ❽ ITを用いた管理事務の報告も認められる。
管理者等の承諾を得て、電磁的方法による提供も認められる。

 この過去問に注意　マンション管理業者は、重要事項の説明会を開催する場合、当該説明会の前日までに、マンションの区分所有者等及び当該管理組合の管理者等の全員に対し、重要事項並びに説明会の日時及び場所を記載した書面を交付しなければならない。　　　　　　　　　　　　　　　　（H28年－49）

答　前日ではなく「1週間前」までに書面の交付又は電磁的方法による提供をする必要がある。　　　　　　　　　　　　　　　　　　　×

7日目

合格る チェック シート 50

財産の分別管理その他

直前フォーカス

ここでは、財産の分別管理を中心に掲載しておく。口座の管理方式や印鑑等の管理等の規定を覚えよう。

●財産の分別管理

金銭である財産の分別管理の方法として、以下の3種類が定められている。

①区分所有者等から徴収された**修繕積立金等金銭を収納口座に預入**し、毎月、その月分の修繕積立金等金銭から当該月中の管理事務に要した費用を控除した残額を、翌月末日までに、収納口座から保管口座（管理組合を名義人とする）に移し換える方法
②区分所有者等から徴収された**修繕積立金を保管口座に預入**し、預貯金として管理するとともに、管理費用に充当する金銭を収納口座に預入し、毎月、その月分の管理費用に充当する金銭から当該月中の管理事務に要した費用を控除した残額を、翌月末日までに収納口座から保管口座に移し換える方法
③修繕積立金等を、**管理組合等を名義人とする収納・保管口座**において預貯金として管理する方法

●保証契約の締結

管理業者が上記①又は②の方法により修繕積立金等金銭を管理する場合にあっては、原則として、当該方法により区分所有者等から徴収される1カ月分の修繕積立金等金銭（②の方法による場合にあっては、管理費用に充当する金銭）の額の合計額以上の額につき有効な保証契約を締結していなければならない。

ただし、次のいずれにも該当する場合は、保証契約の締結は不要となる。

ア）修繕積立金等金銭もしくは管理費用に充当する財産がマンションの区分所有者等からマンション管理業者が受託契約を締結した**管理組合等を名義人とする収納口座に直接預入される場合**又はマンション管理業者もしくはマンション管理業者から委託を受けた者がマンションの区分所有者等から修繕積立金等金銭もしくは管理費用に充当する財産を徴収しない場合
イ）マンション管理業者が、管理組合等を名義人とする収納口座に係る当該管理組合等の**印鑑、預貯金の引出用のカード**その他これらに類するものを**管理しない場合**

●印鑑・カード類の保管禁止

　マンション管理業者は、修繕積立金等金銭を管理する場合にあっては、保管口座又は収納・保管口座に係る管理組合等の印鑑、預貯金の引出用のカードその他これらに類するものを管理してはならない。ただし、管理組合に管理者等が置かれていない場合において、管理者等が選任されるまでの比較的短い期間に限り保管することは許される。

●収納口座、保管口座、収納・保管口座　今年のヤマ

①収納口座…マンションの区分所有者等から徴収された修繕積立金等金銭又は管理費用に充当する財産を預入し、一時的に預貯金として管理するための口座
②保管口座…マンションの区分所有者等から徴収された修繕積立金を預入し、又は修繕積立金等金銭もしくは管理費用に充当する財産の残額を収納口座から移し換え、これらを預貯金として管理するための口座であって、管理組合等を名義人とするもの
③収納・保管口座…マンションの区分所有者等から徴収された修繕積立金等金銭を預入し、預貯金として管理するための口座であって、管理組合等を名義人とするもの

解ける覚え方　「①収納口座」については、「管理組合等を名義人とするもの」とはされていない。➡「マンション管理業者」名義も認められる。

●管理計画認定制度

①管理計画の認定の申請	管理組合の管理者等は、管理計画を作成し、マンション管理適正化推進計画を作成した都道府県等の長（計画作成都道府県知事等）の認定を申請することができる。
②管理計画の記載事項	①当該マンションの修繕その他の管理の方法 ②当該マンションの修繕その他の管理に係る資金計画 ③当該マンションの管理組合の運営の状況 ④その他国土交通省令で定める事項
③認定基準	①マンションの修繕その他の管理の方法が国土交通省令で定める基準に適合するものであること ②資金計画がマンションの修繕その他の管理を確実に遂行するため適切なものであること ③管理組合の運営の状況が国土交通省令で定める基準に適合するものであること ④その他マンション管理適正化指針及び都道府県等マンション管理適正化指針に照らして適切なものであること

この過去問に注意

マンション管理業者は、修繕積立金等金銭を管理する場合の保管口座又は収納・保管口座に係る管理組合等の印鑑を、管理組合に管理者等が置かれていない場合において、管理者等が選任されるまでの比較的短い期間に限り保管する場合を除き、管理してはならない。　　　　　　　　　　　　（H24年－48）

答　　「管理者が置かれていない場合」の例外である。　　　　　　　　○

【執筆】
小澤良輔（ＴＡＣ専任講師）

2024年度版　マンション管理士　出るとこ予想　合格るチェックシート

（平成22年度版　2010年10月1日　初版第1刷発行）

2024年7月25日　初版　第1刷発行

編 著 者	Ｔ Ａ Ｃ 株 式 会 社	
	（マンション管理士講座）	
発 行 者	多　　田　　敏　　男	
発 行 所	ＴＡＣ株式会社　出版事業部	
	（TAC出版）	

〒101-8383
東京都千代田区神田三崎町3-2-18
電話　03（5276）9492（営業）
FAX　03（5276）9674
https://shuppan.tac-school.co.jp

印　　刷	株式会社　ワ　　コ　　ー
製　　本	株式会社　常　川　製　本

Ⓒ TAC 2024　　　Printed in Japan　　　ISBN 978-4-300-10958-8
N.D.C. 673

『ＴＡＣ情報会員』登録用パスワード：025-2024-0943-25

マンション管理士・管理業務主任者

【好評開講中！】初学者・再受験者対象

Web講義フォロー
標準装備

| マン管・管理業両試験対応 | W合格本科生S (全42回：講義ペース週1～2回) | マン管試験対応 | マンション管理士本科生S (全36回：講義ペース週1～2回) | 管理業試験対応 | 管理業務主任者本科生S (全35回：講義ペース週1～2回) |

合格するには、「皆が正解できる問題をいかに得点するか」、つまり基礎をしっかりおさえ、その基礎をどうやって本試験レベルの実力へと繋げるかが鍵となります。

各コースには**「過去問攻略講義」**をカリキュラムに組み込み、基礎から応用までを完全マスターできるように工夫を凝らしています。じっくりと徹底的に学習をし、本試験に立ち向かいましょう。

※既に開講しているコースは途中入学が可能です。

5月・6月・7月開講　初学者・再受験者対象

Web講義フォロー
標準装備

| マン管・管理業両試験対応 | W合格本科生 (全36回：講義ペース週1～2回) | マン管試験対応 | マンション管理士本科生 (全33回：講義ペース週1～2回) | 管理業試験対応 | 管理業務主任者本科生 (全32回：講義ペース週1～2回) |

毎年多くの受験生から支持されるスタンダードコースです。

基本講義・基礎答練で本試験に必要な基本知識を徹底的にマスターしていきます。

また、過去20年間の本試験傾向にあわせた項目分類により、

個別的・横断的な知識を問う問題への対策を行っていきます。

基本を徹底的に学習して、本試験に立ち向かいましょう。

8月・9月開講　初学者・再受験者対象

Web講義フォロー
標準装備

管理業務主任者速修本科生
（全21回：講義ペース週1～3回）

管理業務主任者試験の短期合格を目指すコースです。

講義では難問・奇問には深入りせず、基本論点の確実な定着に主眼をおいていきます。

週2回のペースで無理なく無駄のない受講が可能です。

9月・10月開講　宅建士試験受験者対象

Web講義フォロー
標準装備

管理業務主任者速修本科生（宅建士受験生用）
（全14回：講義ペース週2～3回）

宅建士試験後から約2ヵ月弱で管理業務主任者試験の合格を目指すコースです。

宅建士と管理業務主任者の試験科目は重複する部分が多くあります。

このコースでは宅建士試験のために学習した知識に加えて、

管理業務主任者試験特有の科目を短期間でマスターすることにより、

宅建士試験とのW合格を狙います。

7月開講 管理業務主任者試験合格者対象

マンション管理士ステップアップ講義（全4回 各回3時間）

管理業務主任者試験合格の知識を活かして、マンション管理士試験特有の出題内容を重点的に押さえる！

マンション管理士試験受験経験者の方にも再受験対策としてオススメのコースです！

管理業務主任者試験を合格された後に、マンション管理士試験に挑戦される場合、
改めて基礎から学習するよりも、
管理業務主任者試験に合格した知識を活かした学習を行う方がより効率的です。
その効率的な学習をサポートするために、多くの受験生のご要望にお応えすべく作られたのが
TACオリジナルの「マンション管理士ステップアップ講義」です。
本講義は、5問免除対象科目の「適正化法」を省き、管理業務主任者試験との違いを把握し、
マンション管理士試験特有の出題内容を重点的に押さえます。
また、本講義を受講された後は、「マンション管理士攻略パック」を受講し、
問題演習をすることで得点力を高めることができます。

マンション管理士試験受験に向けた "おすすめルート"

「マンション管理士ステップアップ講義」と「マンション管理士攻略パック」セットでの受講がおすすめ！

必要最小限のINPUT	7月～	**マンション管理士ステップアップ講義**	受講
過去問対策とOUTPUT	9月～	**マンション管理士攻略パック**	受講
	11月下旬	**マンション管理士本試験**	受験

担当講師より受講のススメ

マンション管理士試験と管理業務主任者試験は、その試験範囲・科目の大半が共通しています。しかし、区分所有法・不動産登記法・建替え等円滑化法はもう一歩踏み込んだ対策が必要です。さらに都市計画法のように管理業務主任者試験では未出題であった科目もあります。管理業務主任者の知識に、これらの科目をプラスすることで、効率の良い学習が可能です。この「マンション管理士ステップアップ講義」で、効率良くマンション管理士試験の合格を目指しましょう。

小澤 良輔 講師

マンション管理士・管理業務主任者

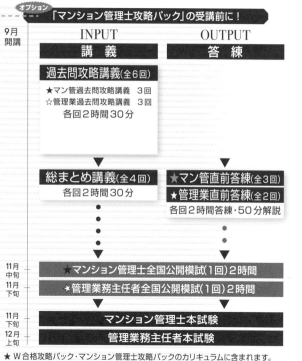

全国公開模試

マンション管理士 | 管理業務主任者

11/9(土)実施(予定) | 11/16(土)実施(予定)

詳細は2024年8月刊行予定の「全国公開模試専用リーフレット」をご覧ください。

全国規模

本試験直前に実施される公開模試は全国18会場(予定)で実施。実質的な合格予備軍が集結し、本試験同様の緊張感と臨場感であなたの「真」の実力が試されます。

高精度の成績判定

コンピュータによる個人成績表に加えて正答率や全受験生の得点分布データを集計。「全国公開模試」での成績は、本試験での合否を高い精度で判定します。

本試験を擬似体験

合格のためには知識はもちろん、精神力と体力が重要となってきます。本試験と同一形式で実施される全国公開模試を受験することは、本試験環境を体験する大きなチャンスです。

オプションコース ポイント整理、最後の追い込みにピッタリ！

マンション管理士/管理業務主任者対策

全4回(各回2.5時間講義) 10月開講 **マンション管理士/管理業務主任者試験対策**

総まとめ講義

Web講義フォロー
標準装備

今まで必要な知識を身につけてきたはずなのに、問題を解いてもなかなか得点に結びつかない、そんな方に最適です。よく似た紛らわしい表現や知識の混同を体系的に整理し、ポイントをズバリ指摘していきます。まるで「ジグソーパズルがピッタリはまるような感覚」で頭をスッキリ整理します。使用教材の「総まとめレジュメ」は、本試験直前の知識確認の教材としても好評です。

日程等の詳細はTACマンション管理士・管理業務主任者講座パンフレットをご参照ください。

〈担当講師〉小澤良輔講師
〈使用教材〉総まとめレジュメ

マンション管理士試験・管理業務主任者試験は、民法・区分所有法・標準管理規約といったさまざまな法令等から複合問題で出題されます。これらの論点の相違をまとめ、知識の横断整理をすることは、複合問題対策に非常に重要となります。また、マンション管理士試験・管理業務主任者試験は、多くの科目が共通しています。この共通して重要な論点をしっかり覚えた上で、それぞれの試験で頻出の論点を確認することで、効率の良い学習が可能となります。「総まとめ講義」で知識の整理をし、効率よくマンション管理士試験・管理業務主任者試験の合格を目指しましょう。

各2回 11月開講(予定) **マンション管理士/管理業務主任者試験対策**

ヤマかけ講義 問題演習 + 解説講義

Web講義フォロー
標準装備

TAC講師陣が、2024年の本試験を完全予想する最終講義です。本年度の"ヤマ"をまとめた『ヤマかけレジュメ』を使用し、論点別の一問一答式で本試験予想問題を解きながら、重要部分の解説をしていきます。問題チェックと最終ポイント講義で合格への階段を登りつめます。

詳細は8月刊行予定の全国公開模試リーフレット又はTACホームページをご覧ください。

●オプションコースのみをお申込みの場合に限り、入会金はいただいておりません。オプションコース以外のコースをお申込みの場合には、受講料の他に入会金が必要となる場合があります。予めご了承ください。 ●オプションコースの受講料には、教材費及び消費税10%の金額が含まれています。 ●各日程の詳細につきましては、マンション管理士・管理業務主任者講座パンフレットをご覧ください。

書籍の正誤に関するご確認とお問合せについて

書籍の記載内容に誤りではないかと思われる箇所がございましたら、以下の手順にてご確認とお問合せをしてくださいますよう、お願い申し上げます。

なお、正誤のお問合せ以外の**書籍内容に関する解説および受験指導などは、一切行っておりません。**
そのようなお問合せにつきましては、お答えいたしかねますので、あらかじめご了承ください。

1 「Cyber Book Store」にて正誤表を確認する

TAC出版書籍販売サイト「Cyber Book Store」の
トップページ内「正誤表」コーナーにて、正誤表をご確認ください。

CYBER TAC出版書籍販売サイト
BOOK STORE

URL：https://bookstore.tac-school.co.jp/

2 1の正誤表がない、あるいは正誤表に該当箇所の記載がない
⇒ 下記①、②のどちらかの方法で文書にて問合せをする

★ご注意ください★

お電話でのお問合せは、お受けいたしません。
①、②のどちらの方法でも、お問合せの際には、「お名前」とともに、
「対象の書籍名（○級・第○回対策も含む）およびその版数（第○版・○○年度版など）」
「お問合せ該当箇所の頁数と行数」
「誤りと思われる記載」
「正しいとお考えになる記載とその根拠」
を明記してください。
なお、回答までに１週間前後を要する場合もございます。あらかじめご了承ください。

① ウェブページ「Cyber Book Store」内の「お問合せフォーム」より問合せをする

【お問合せフォームアドレス】

https://bookstore.tac-school.co.jp/inquiry/

② メールにより問合せをする

【メール宛先　TAC出版】

syuppan-h@tac-school.co.jp

※**土日祝日はお問合せ対応をおこなっておりません。**
※**正誤のお問合せ対応は、該当書籍の改訂版刊行月末日までといたします。**

乱丁・落丁による交換は、該当書籍の改訂版刊行月末日までといたします。なお、書籍の在庫状況等により、お受けできない場合もございます。
また、各種本試験の実施の延期、中止を理由とした本書の返品はお受けいたしません。返金もいたしかねますので、あらかじめご了承くださいますようお願い申し上げます。

（2022年7月現在）